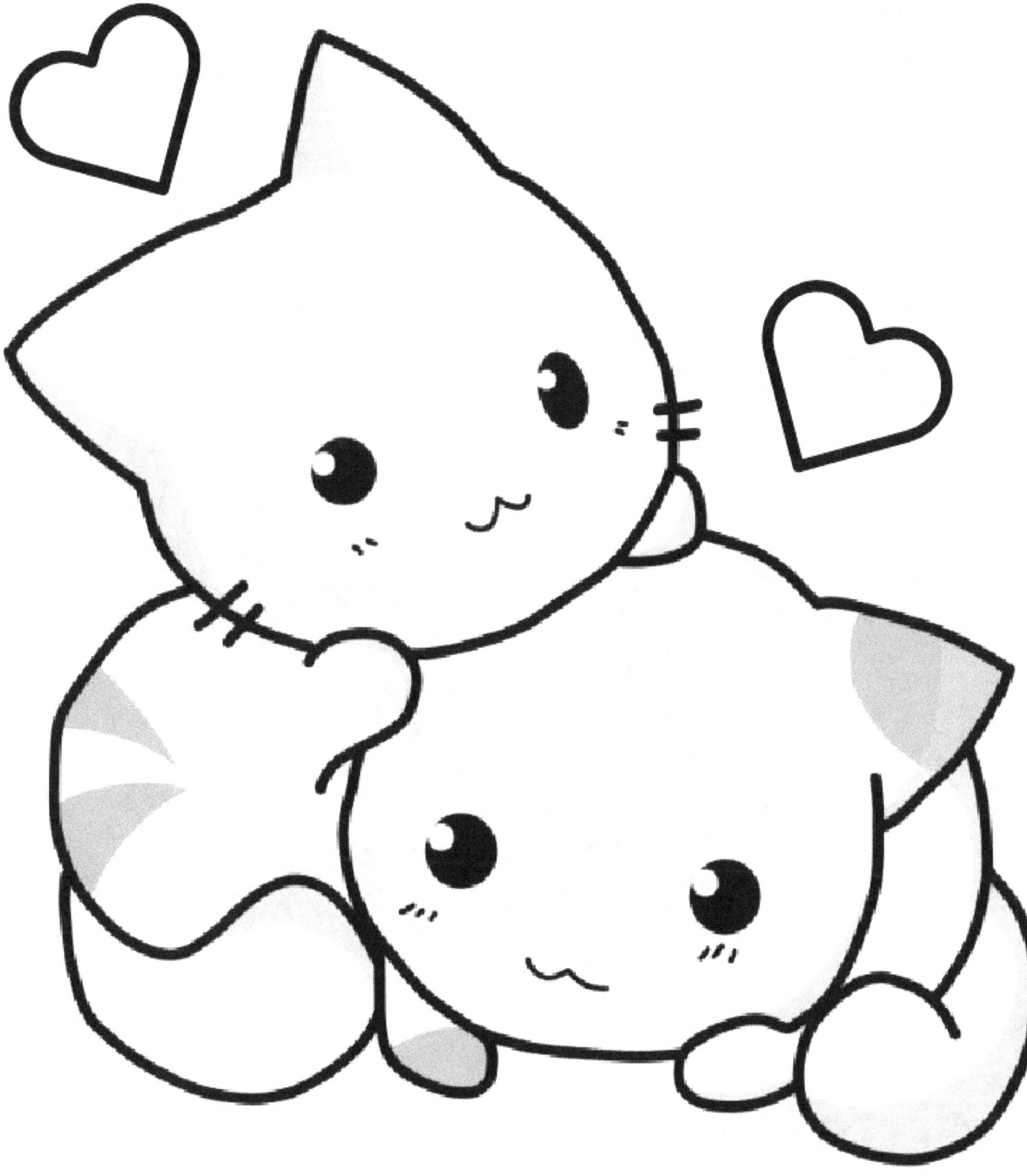

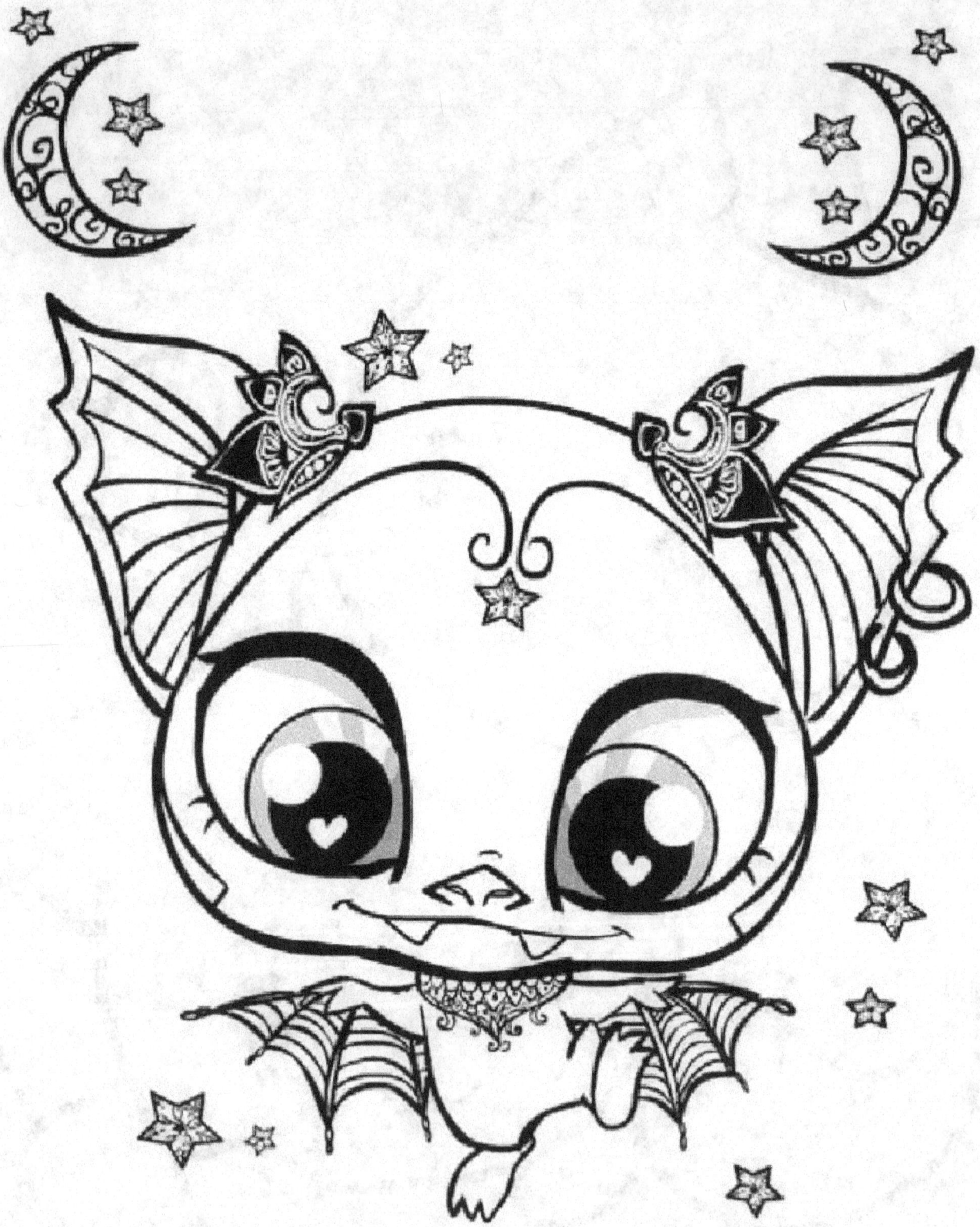

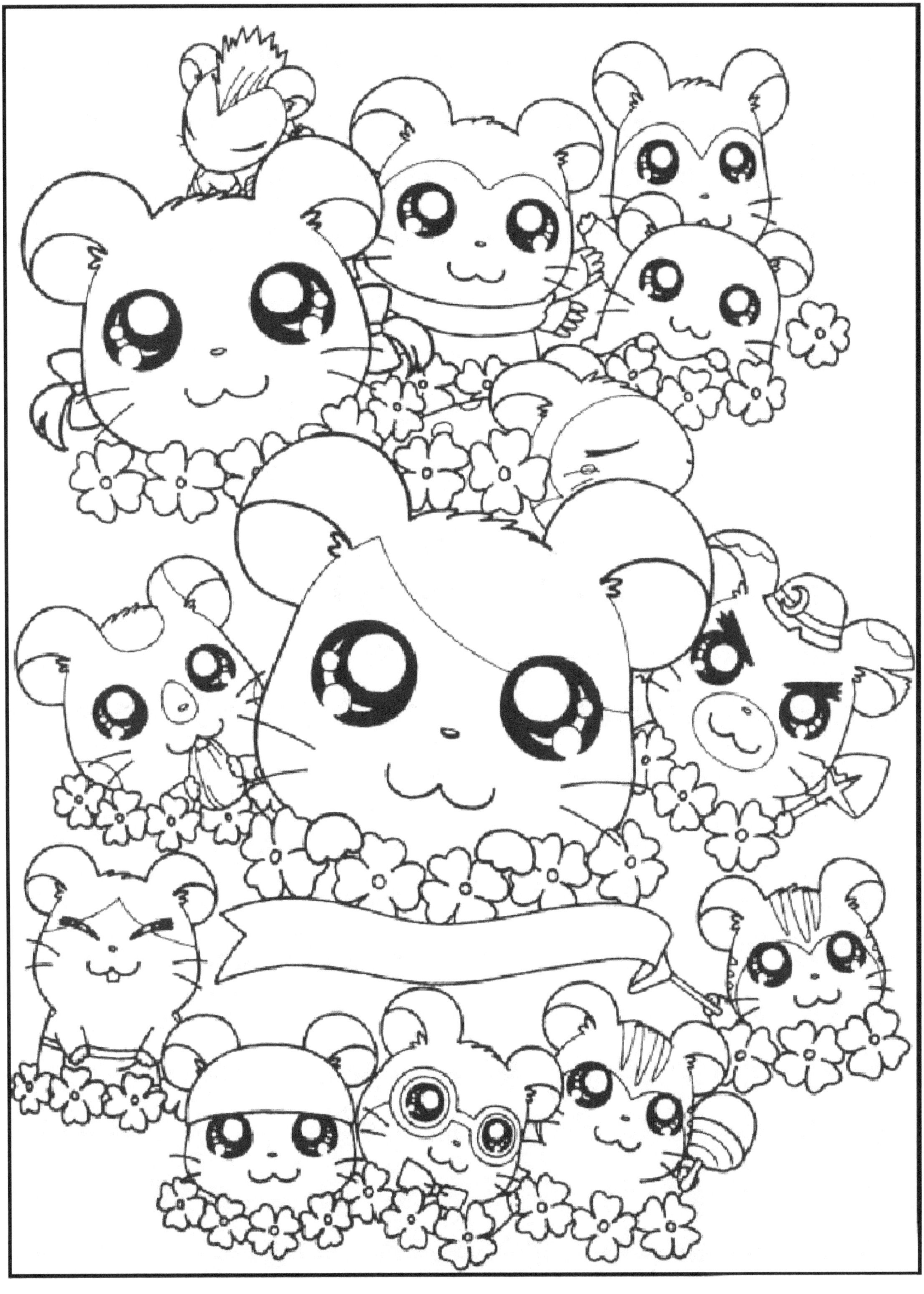

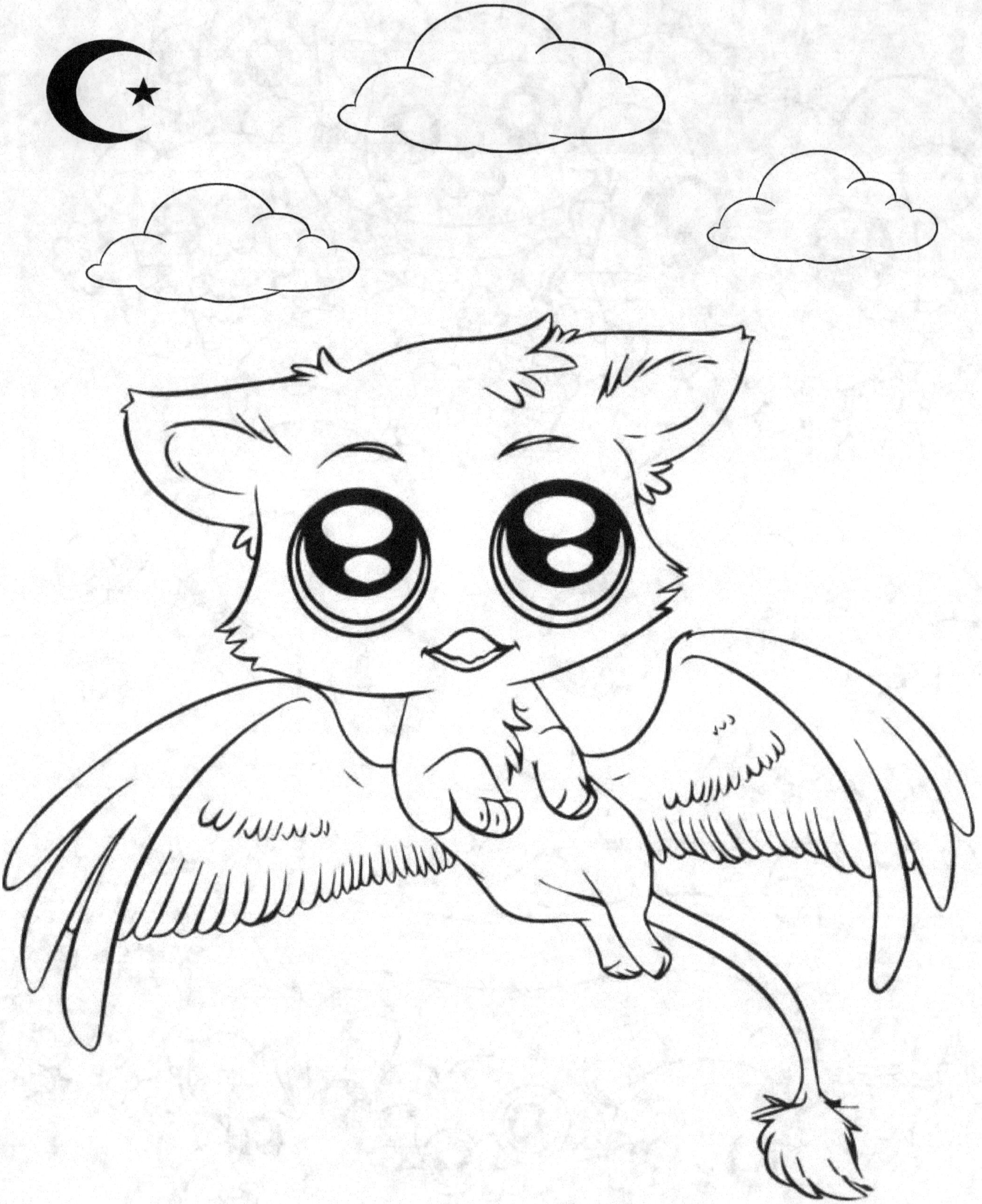

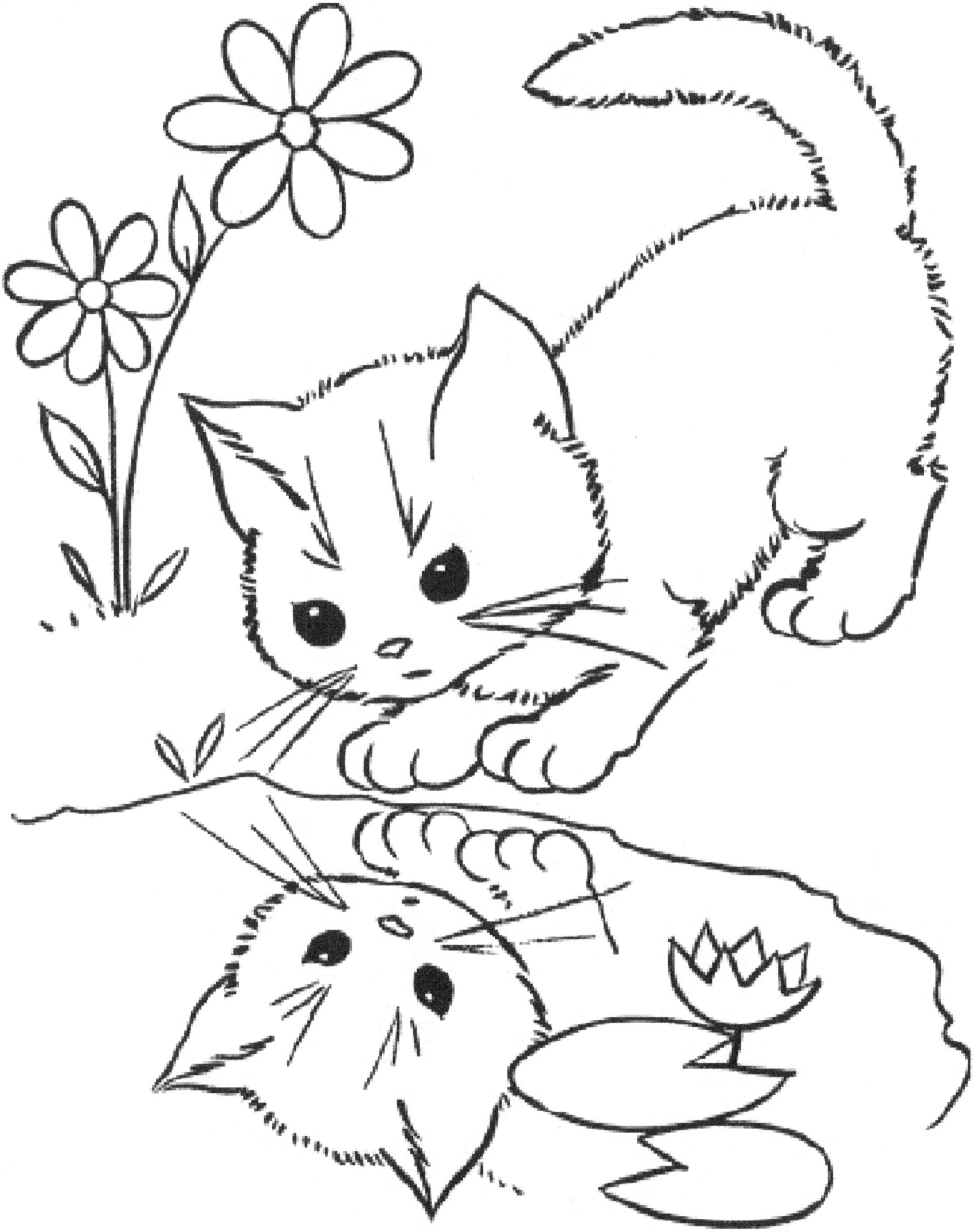

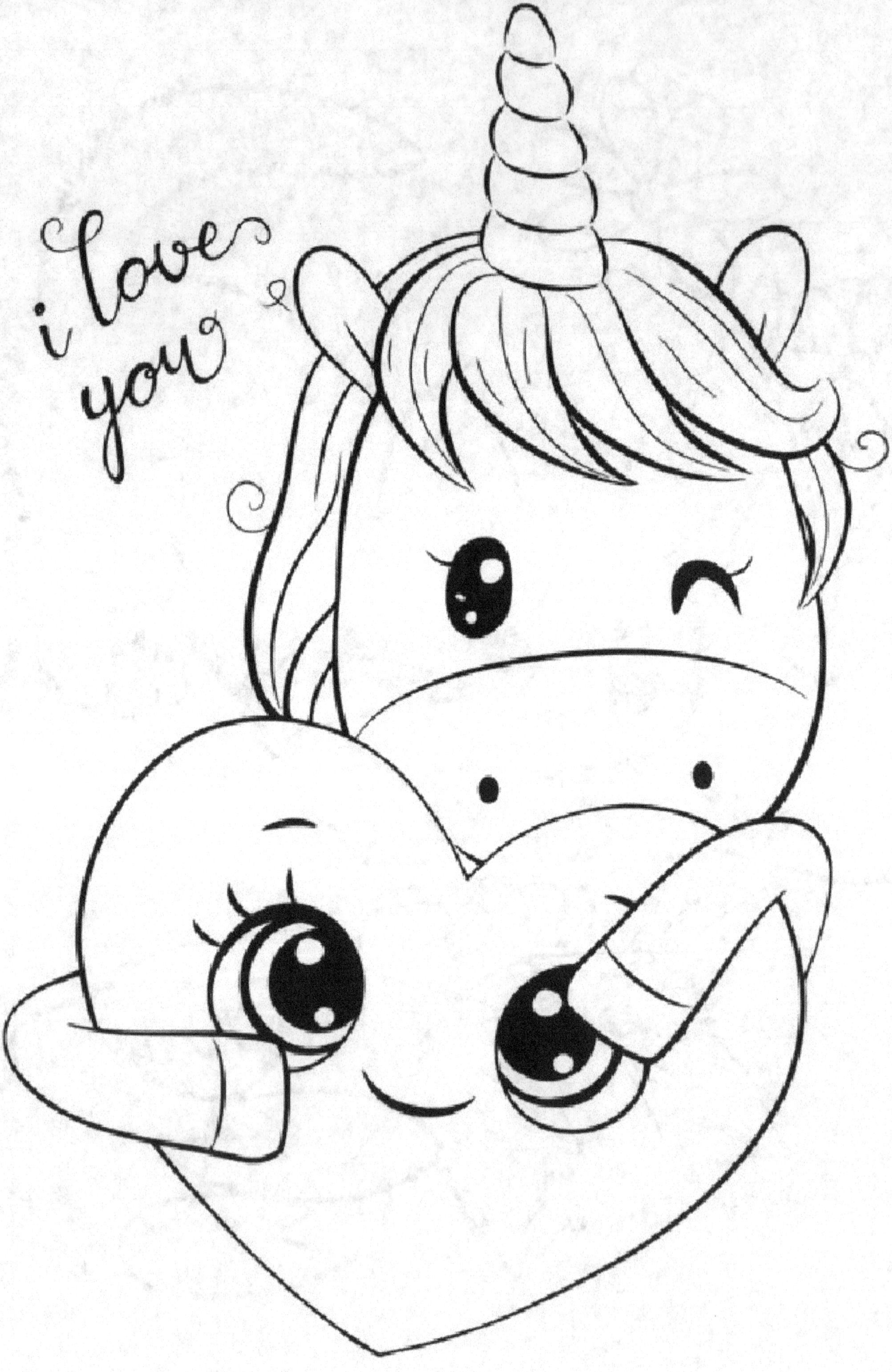
i love you

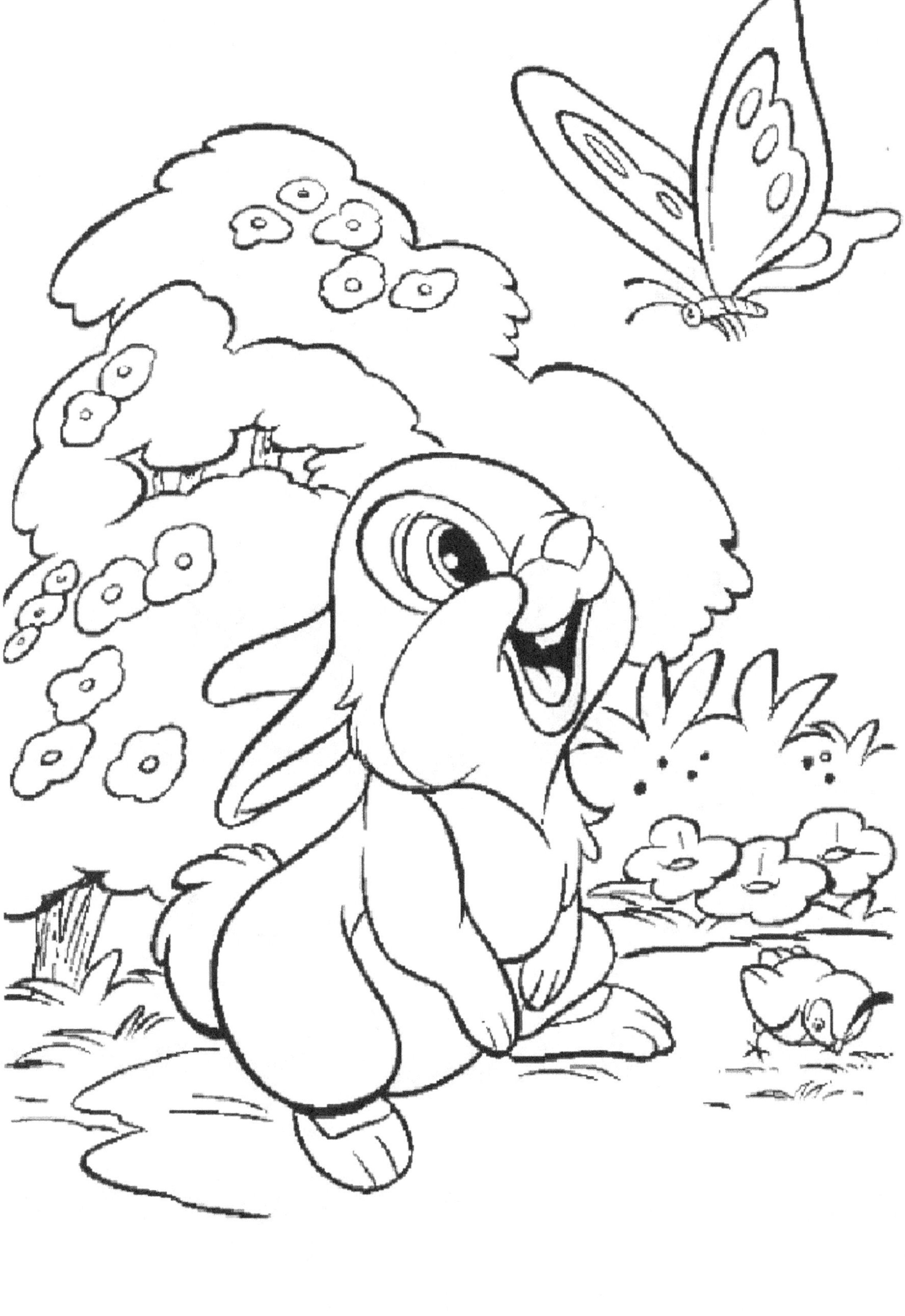

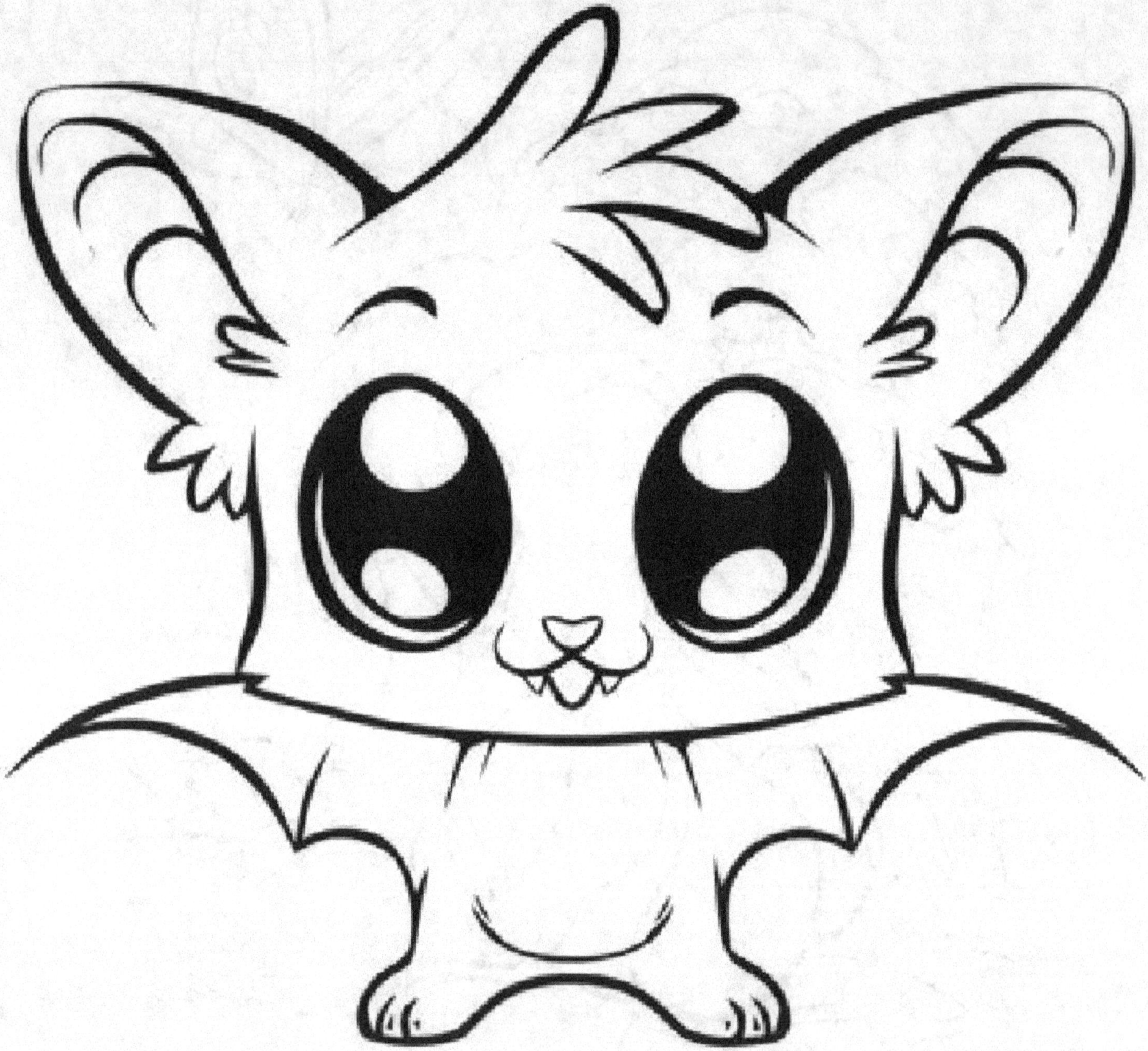

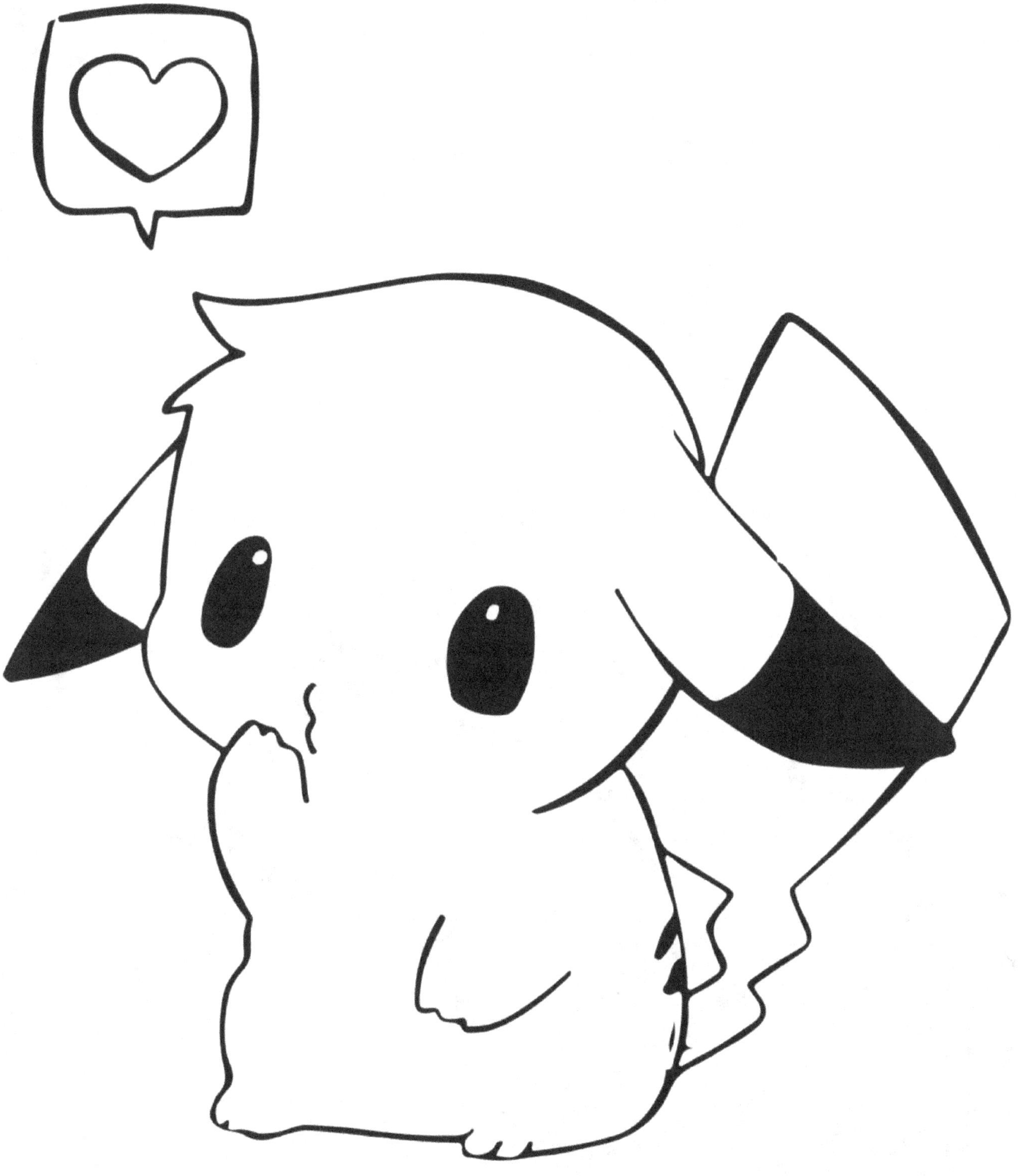

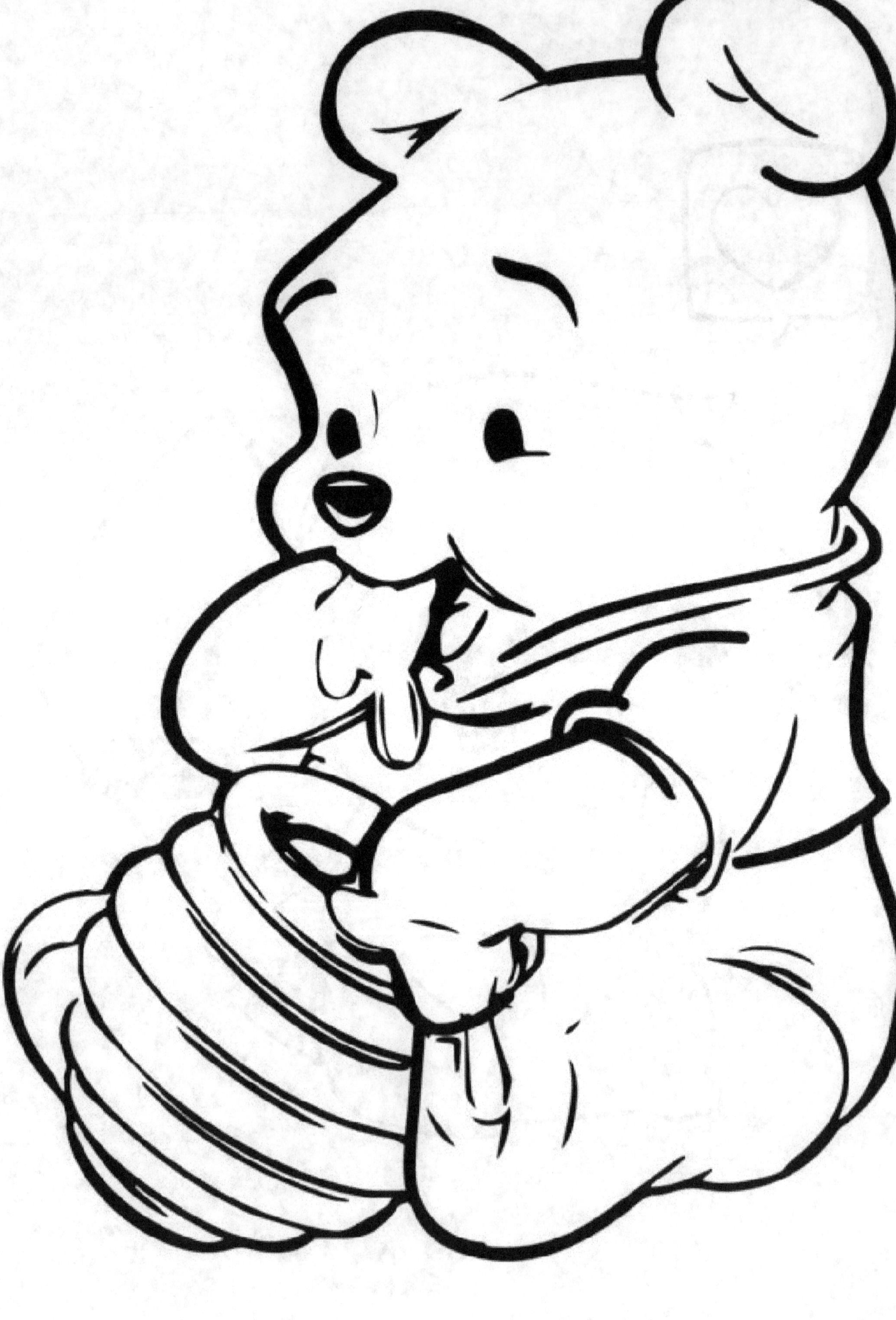

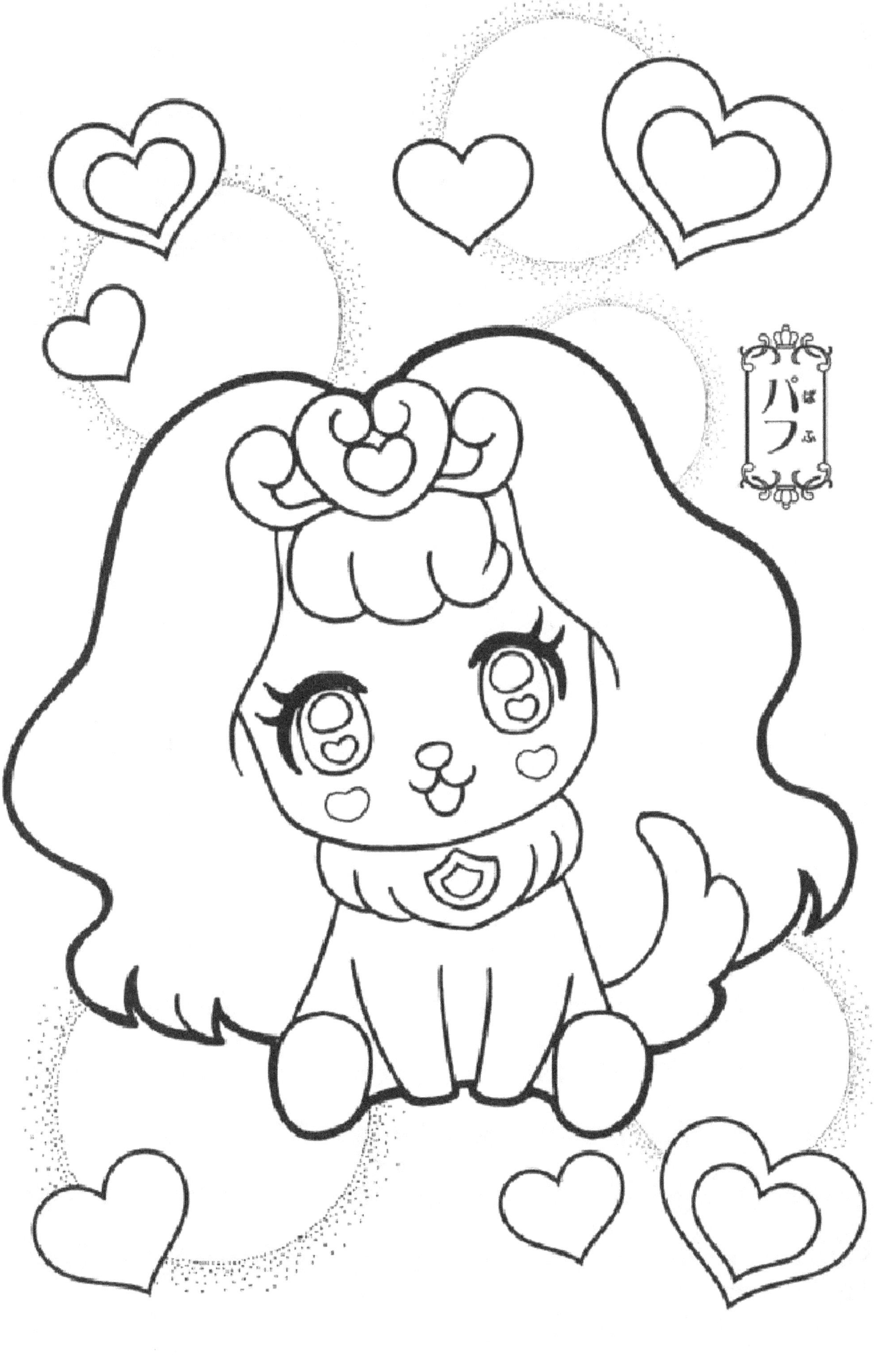
パフ
ぱふ

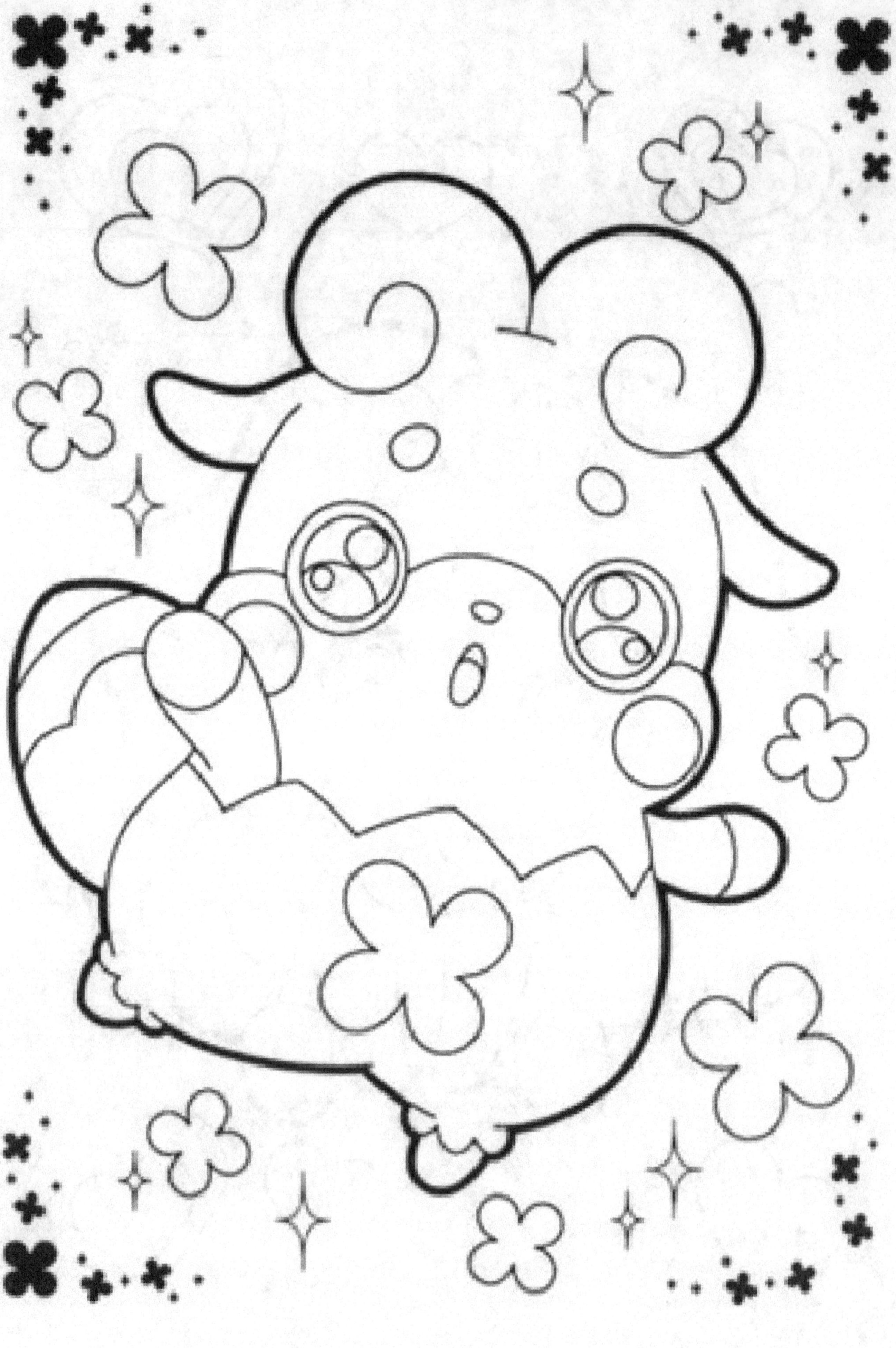

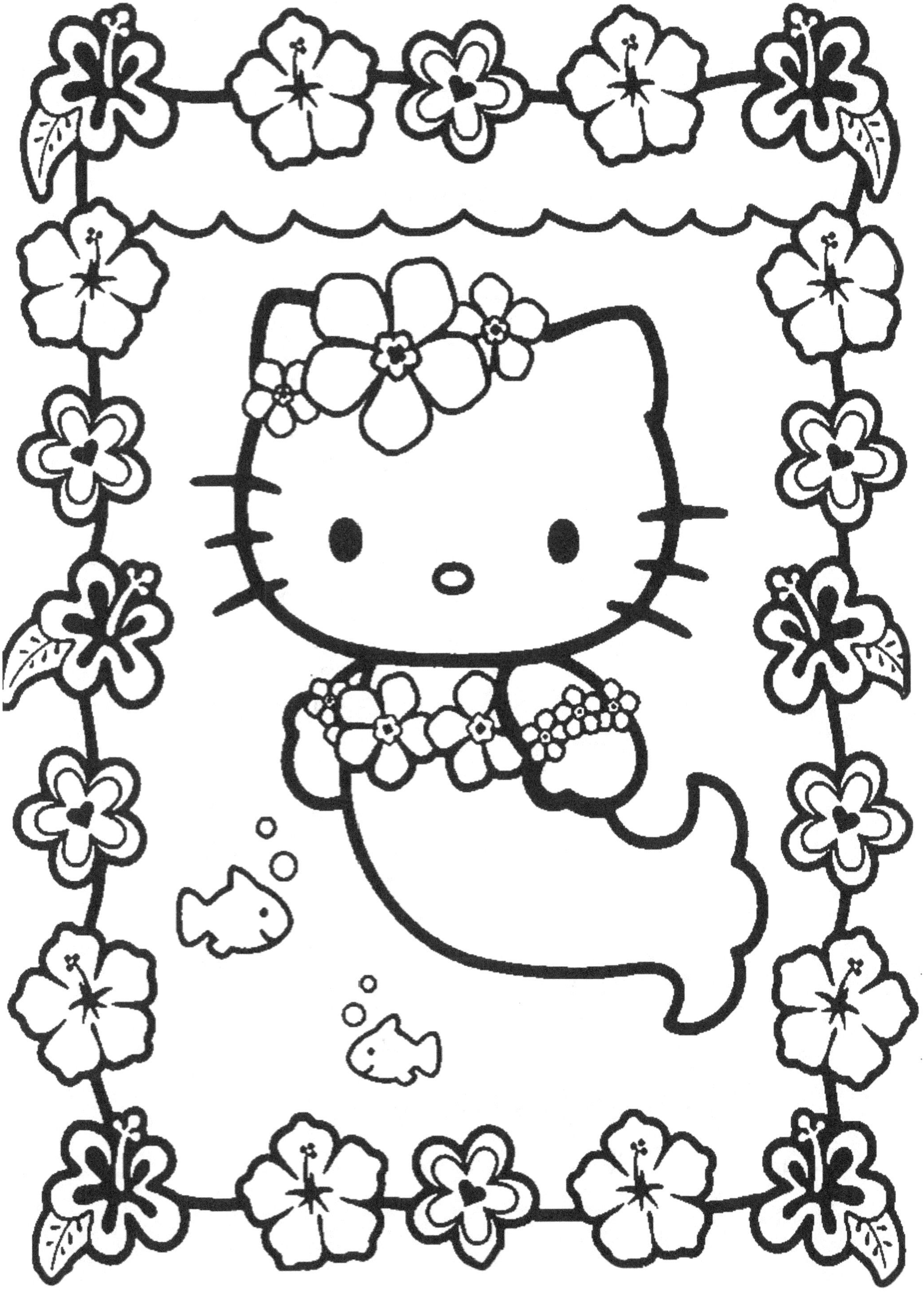

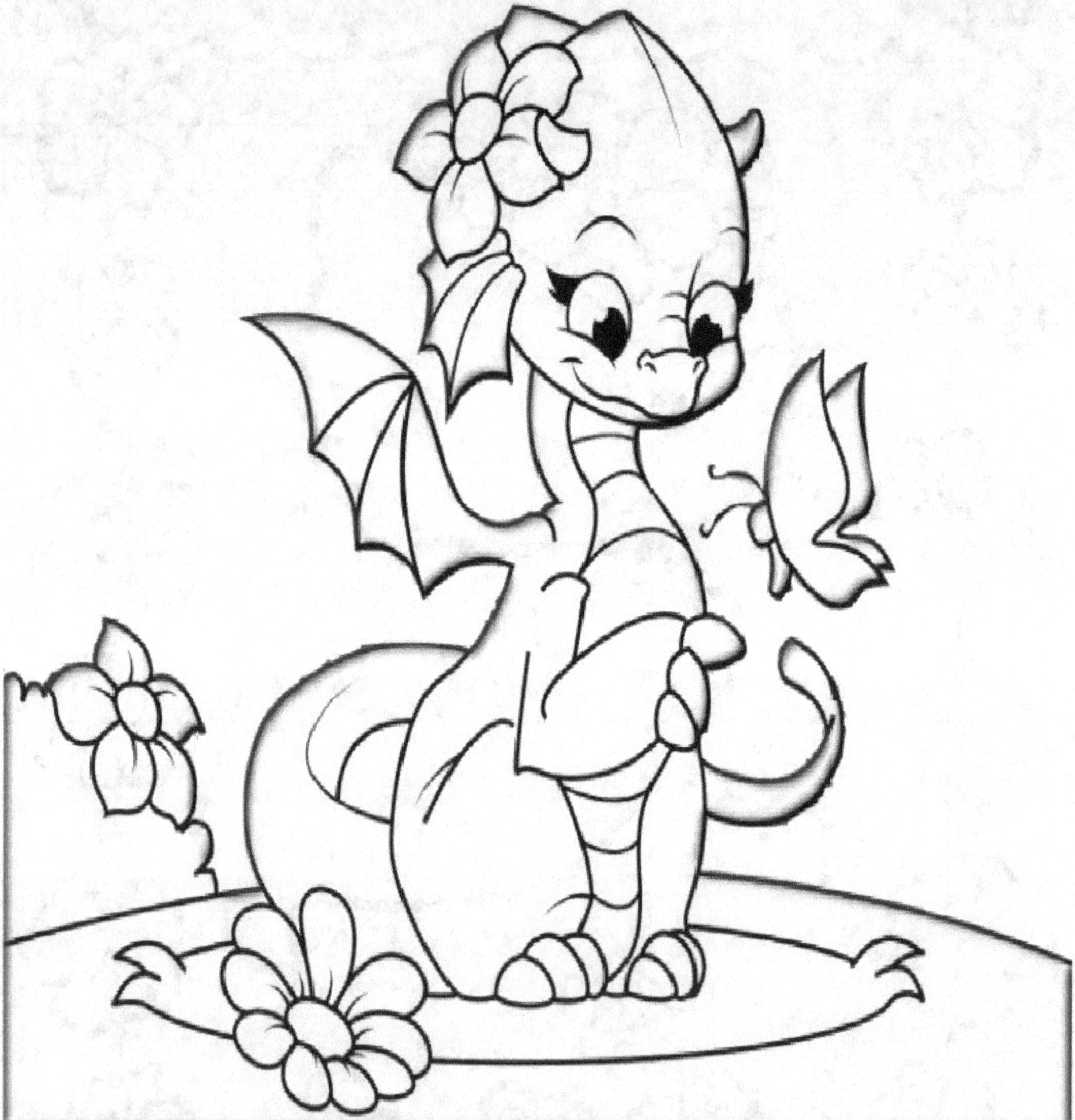

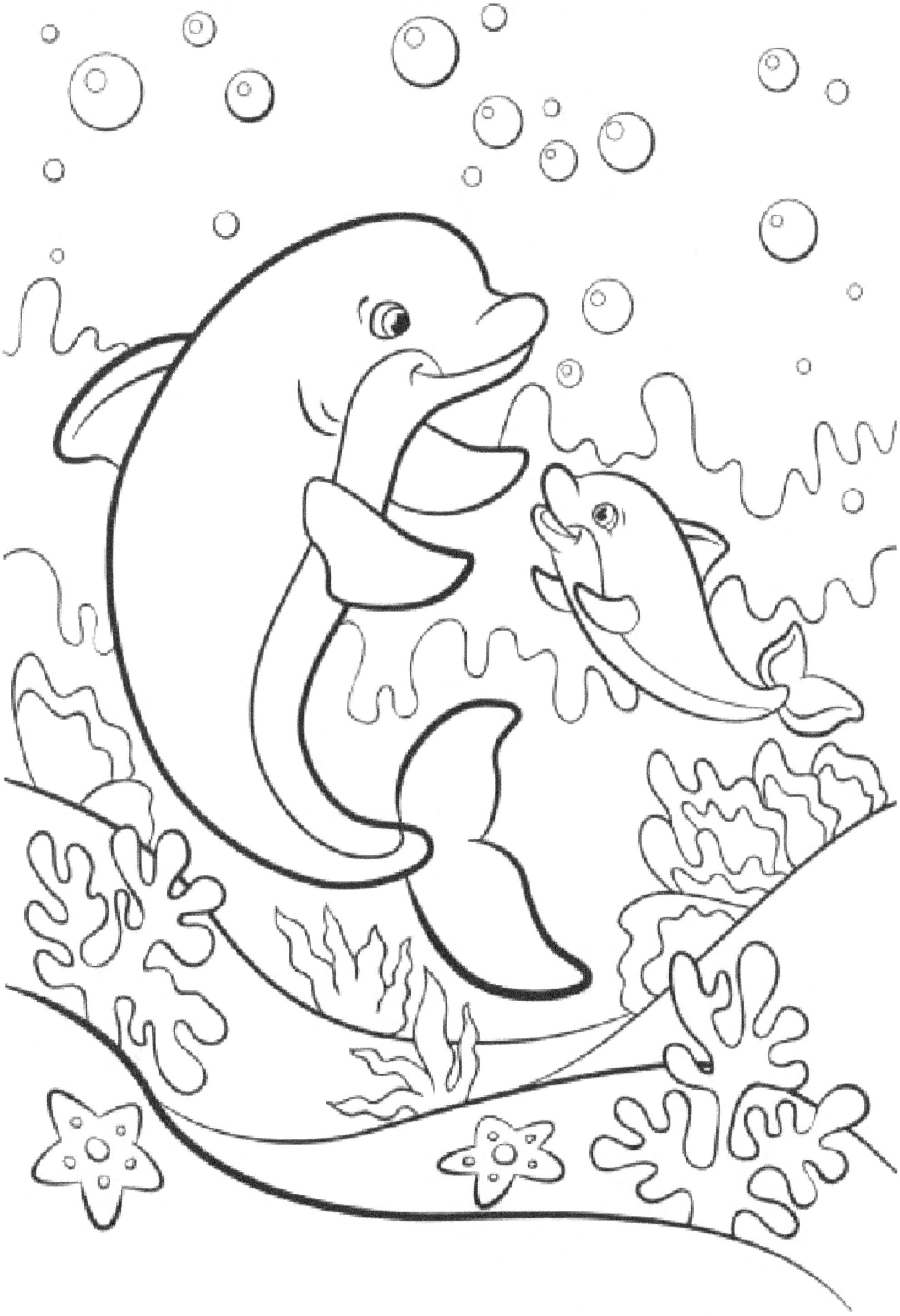

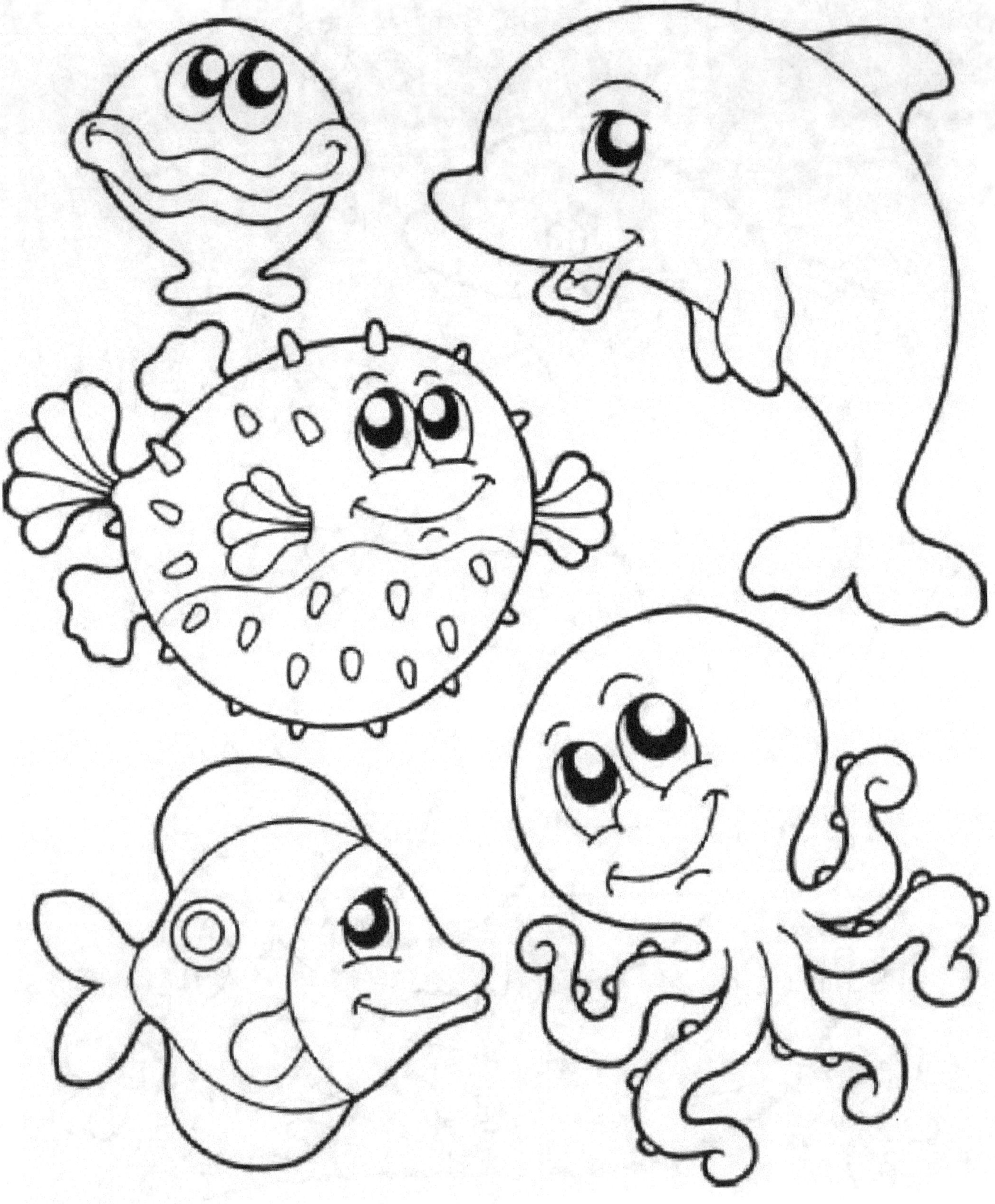

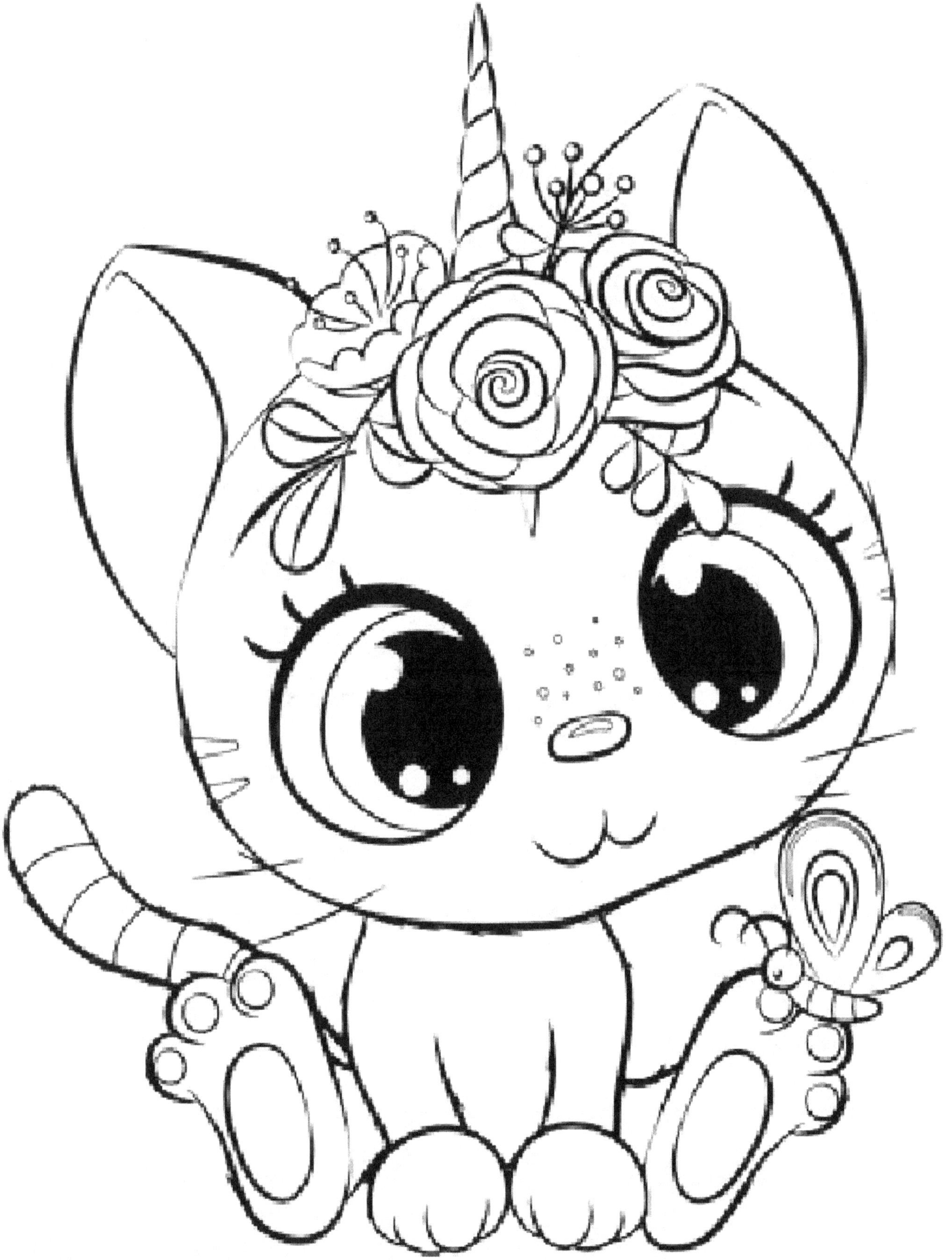

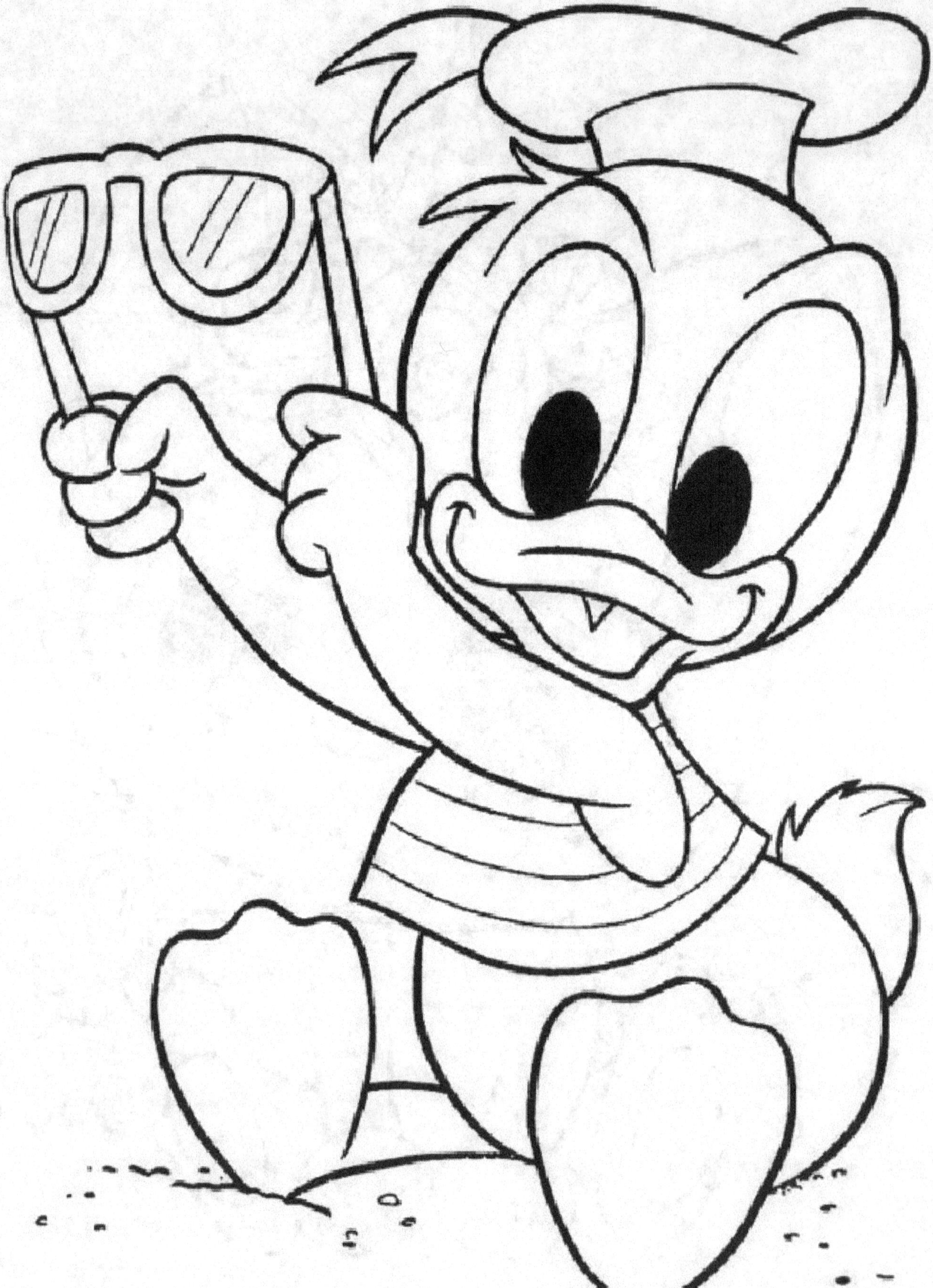

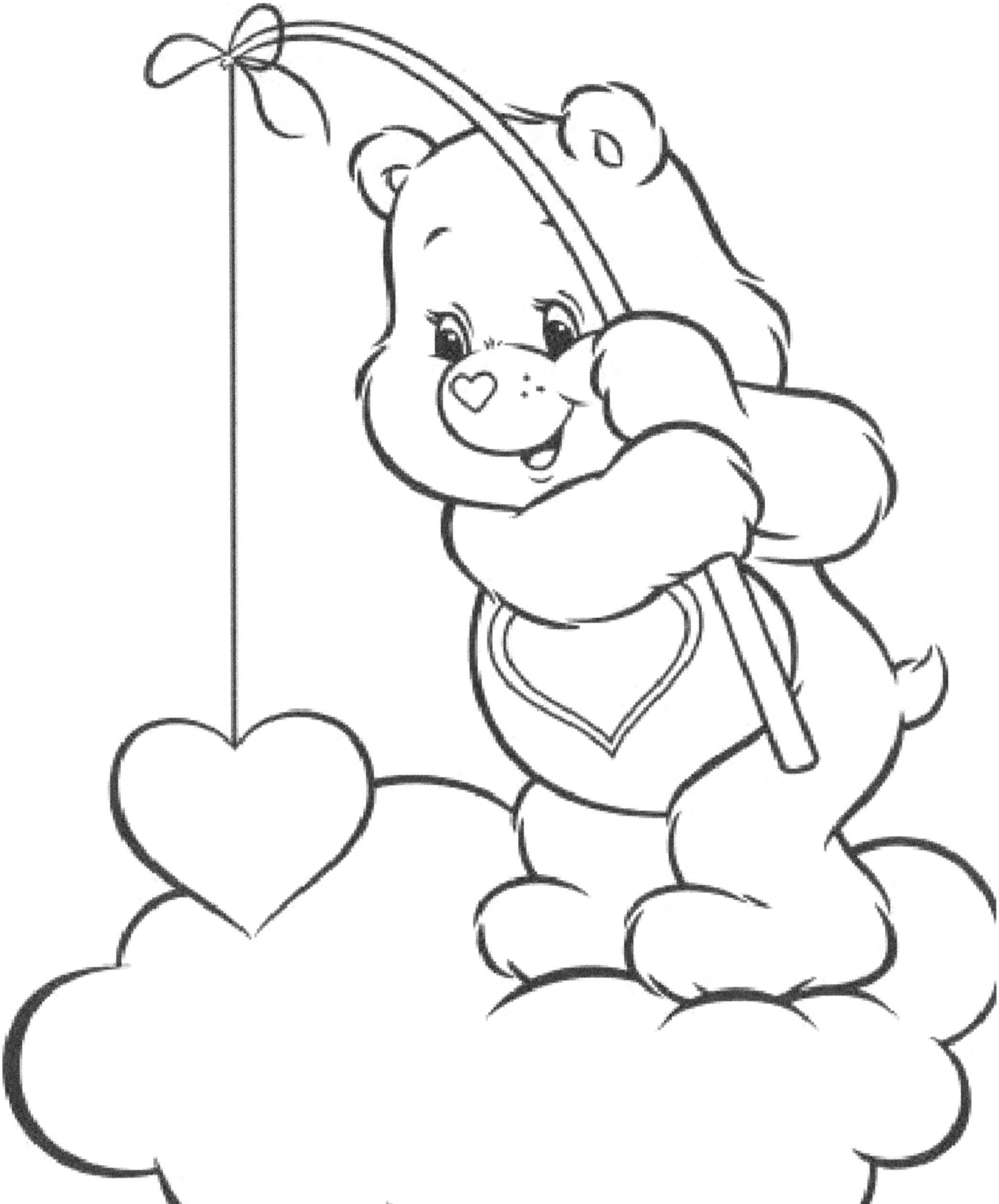

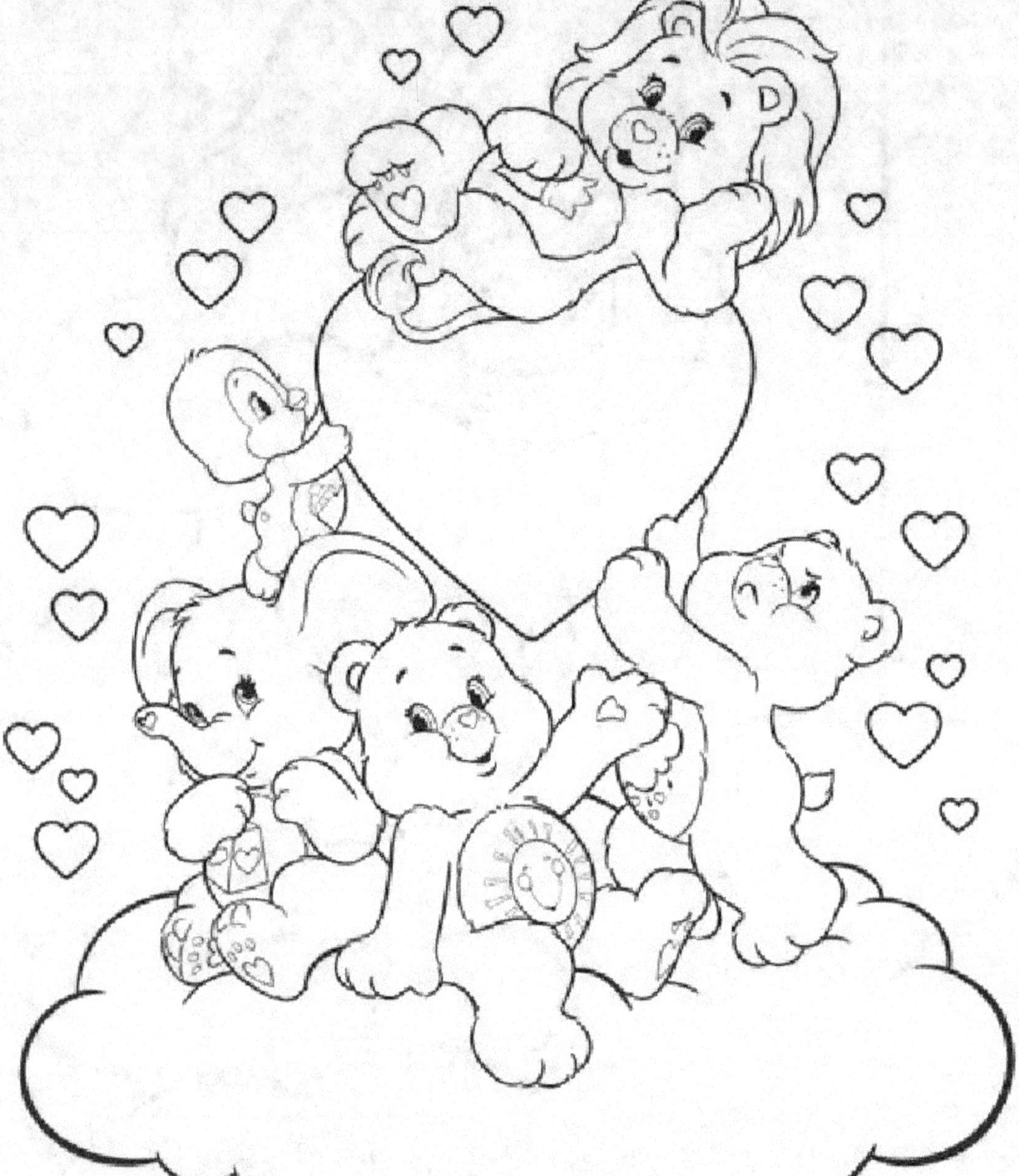

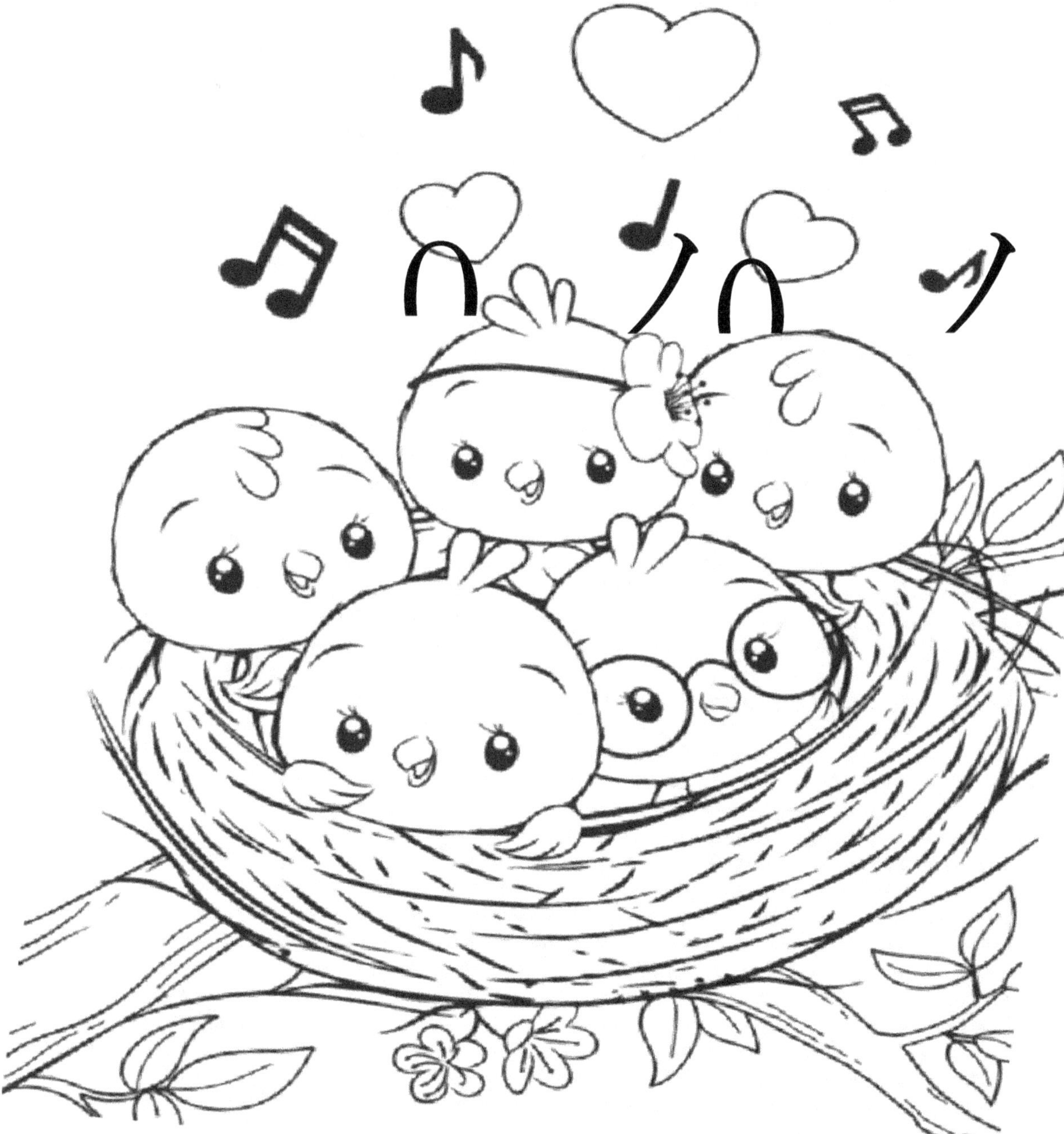

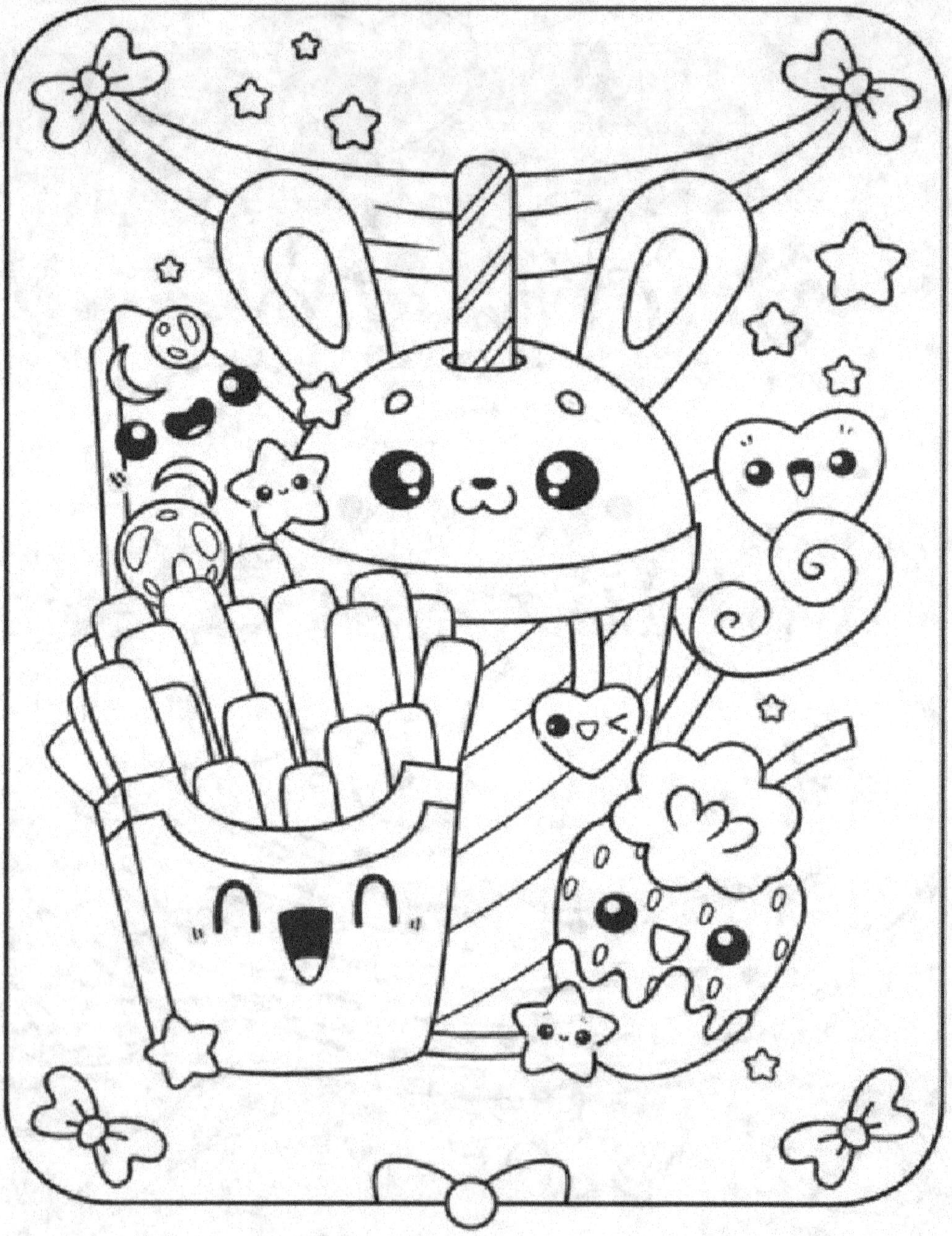

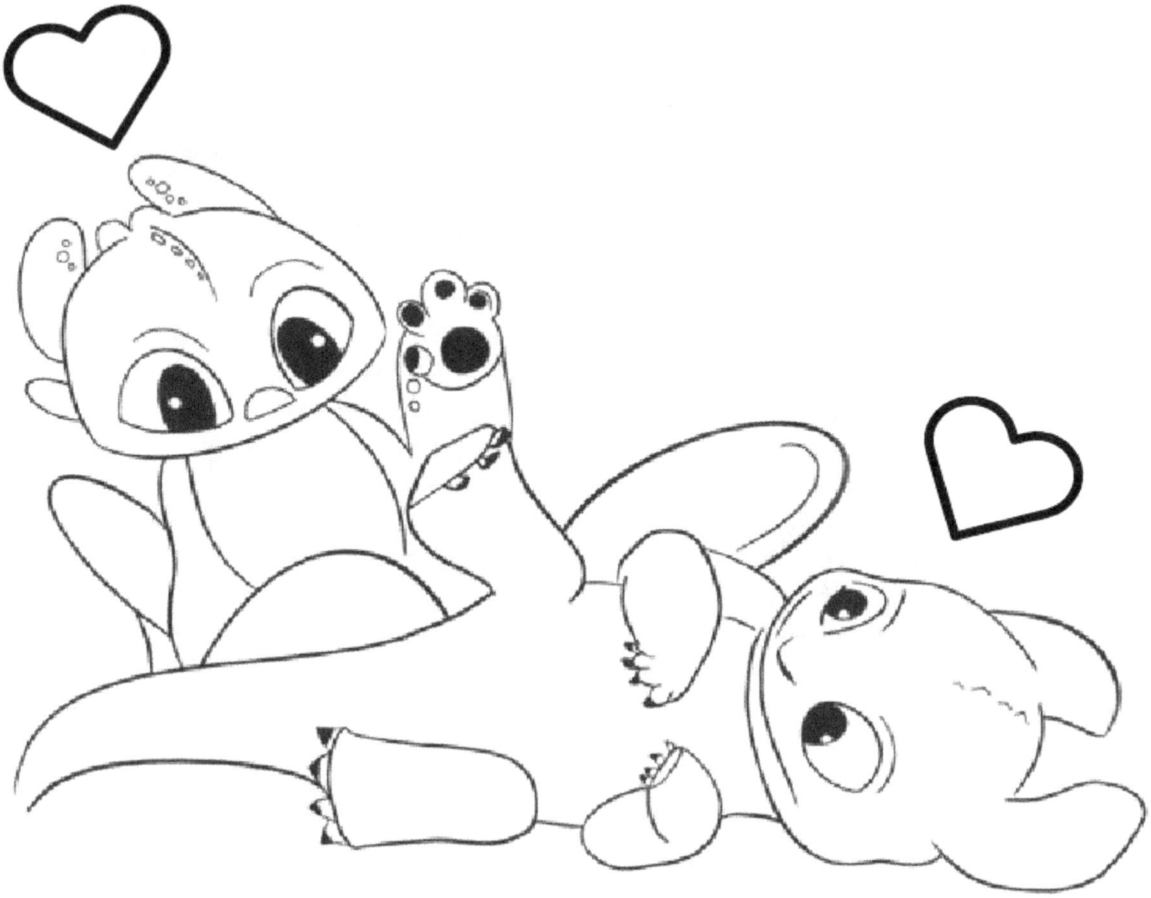

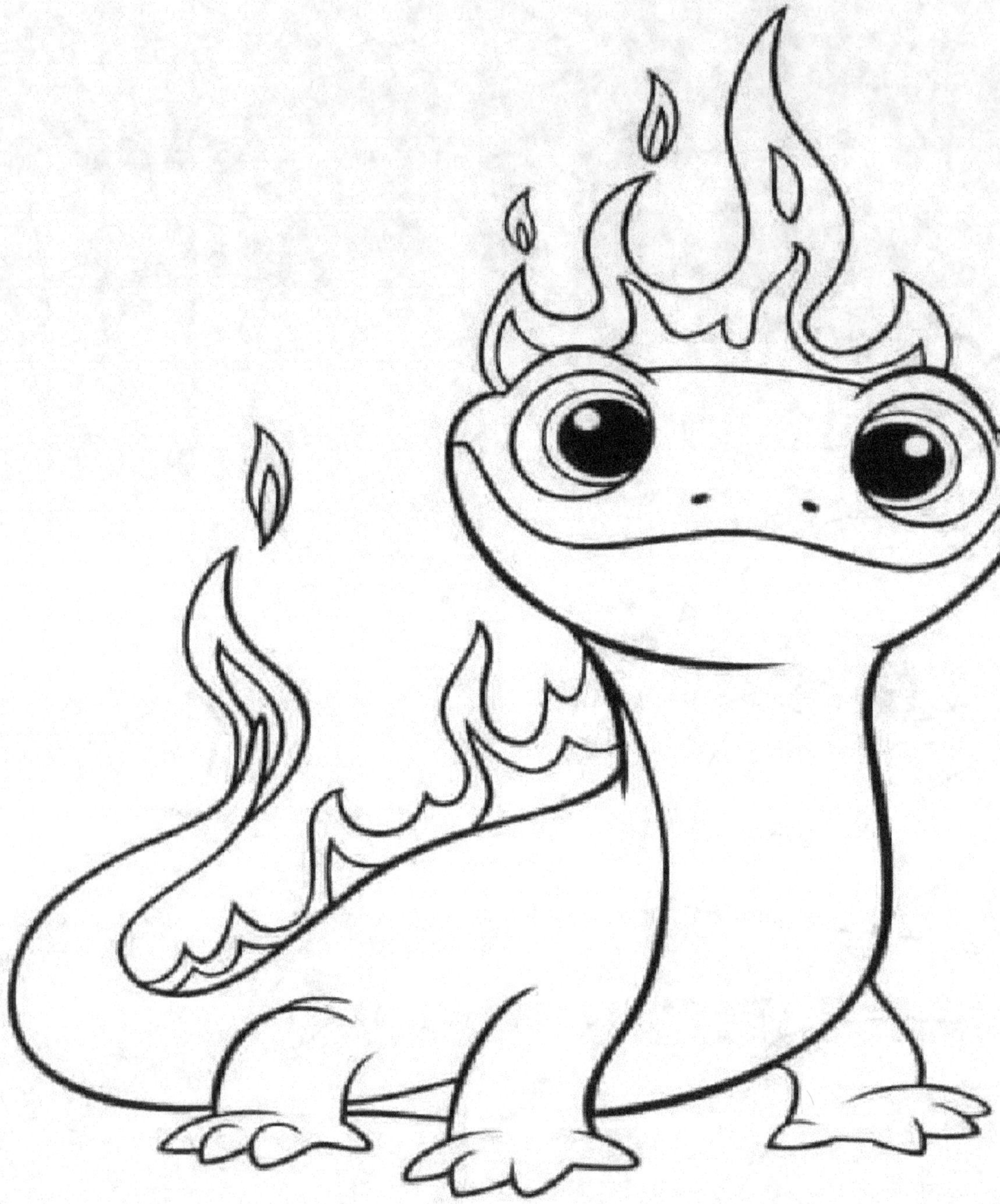

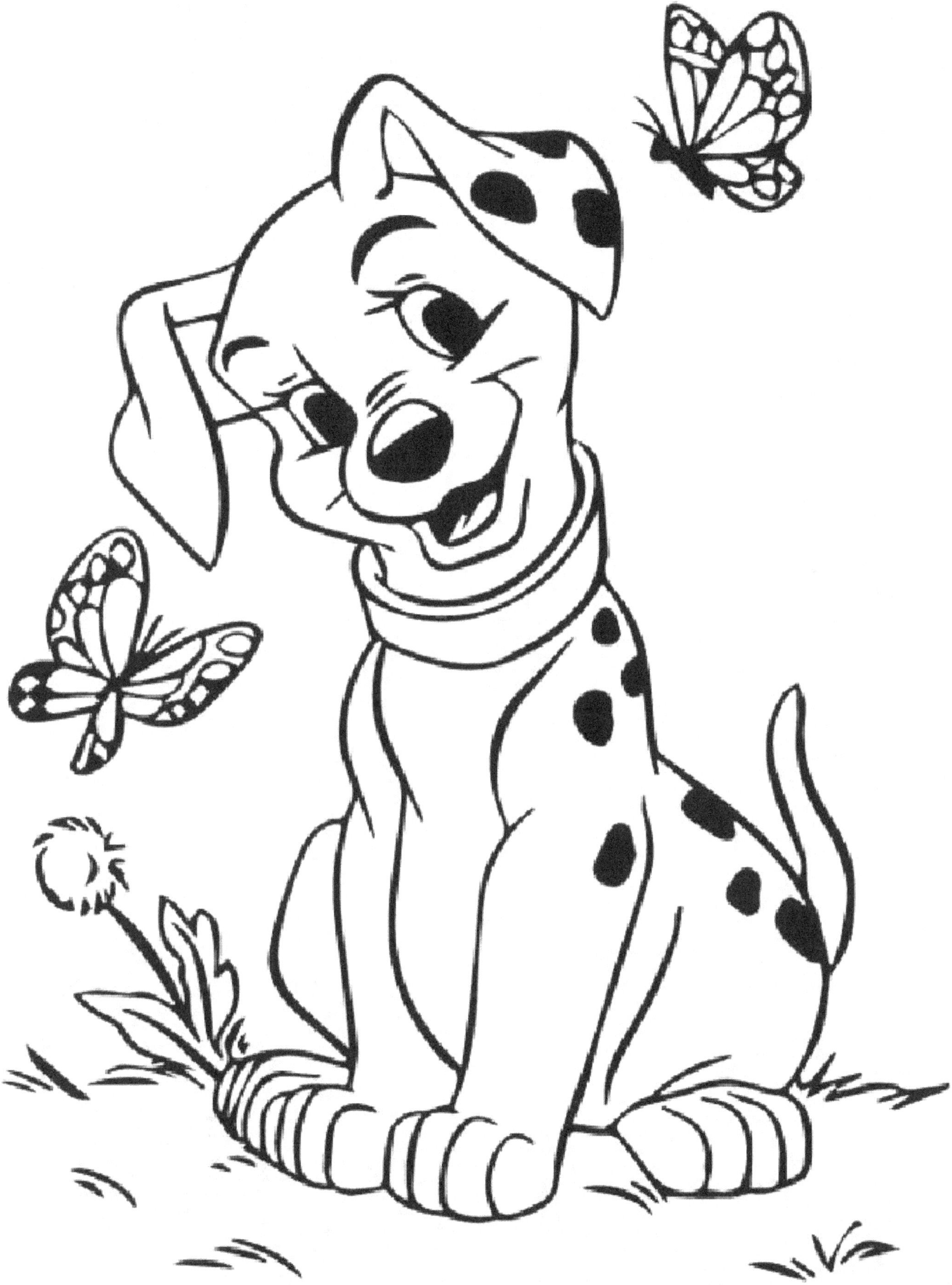

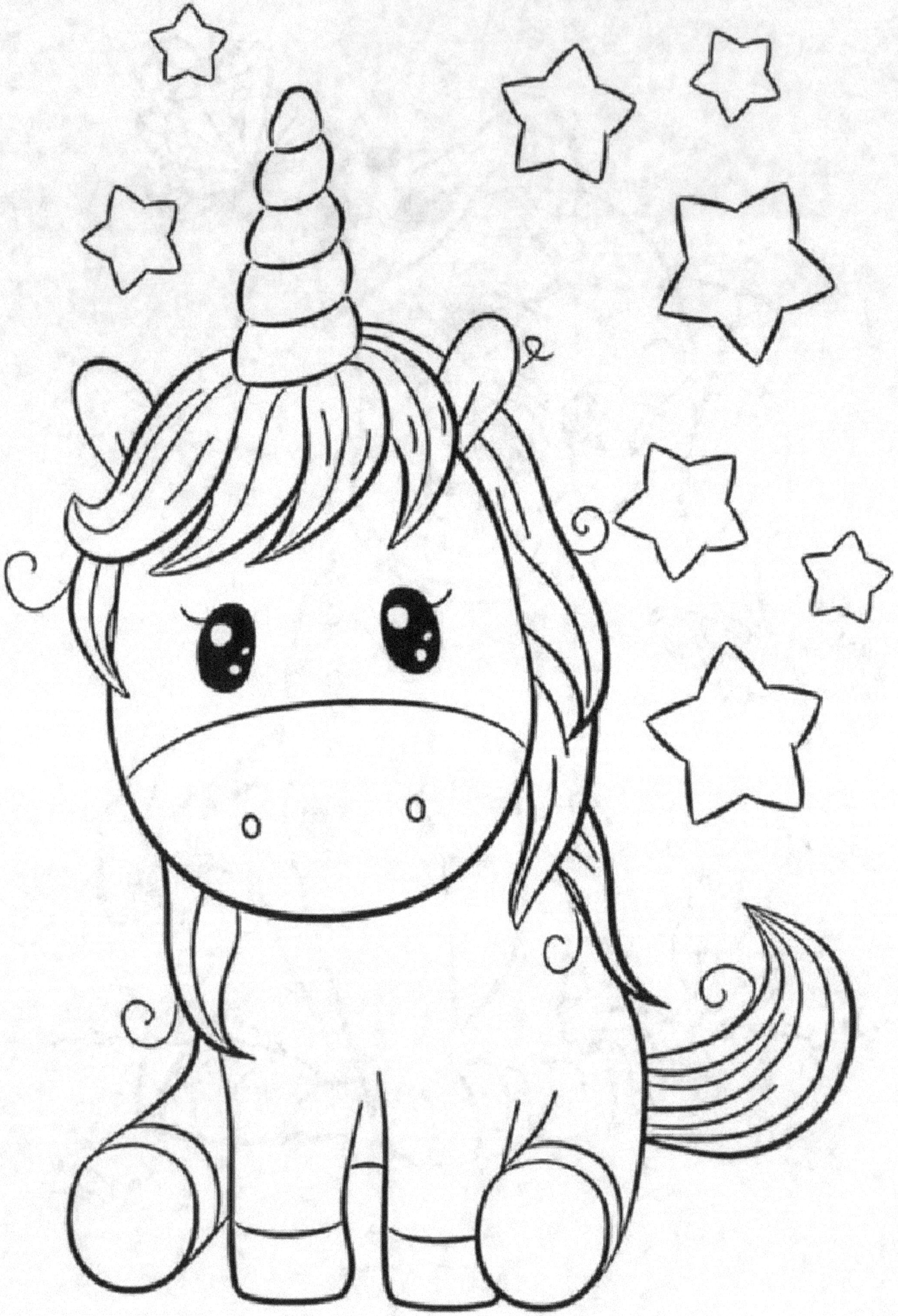

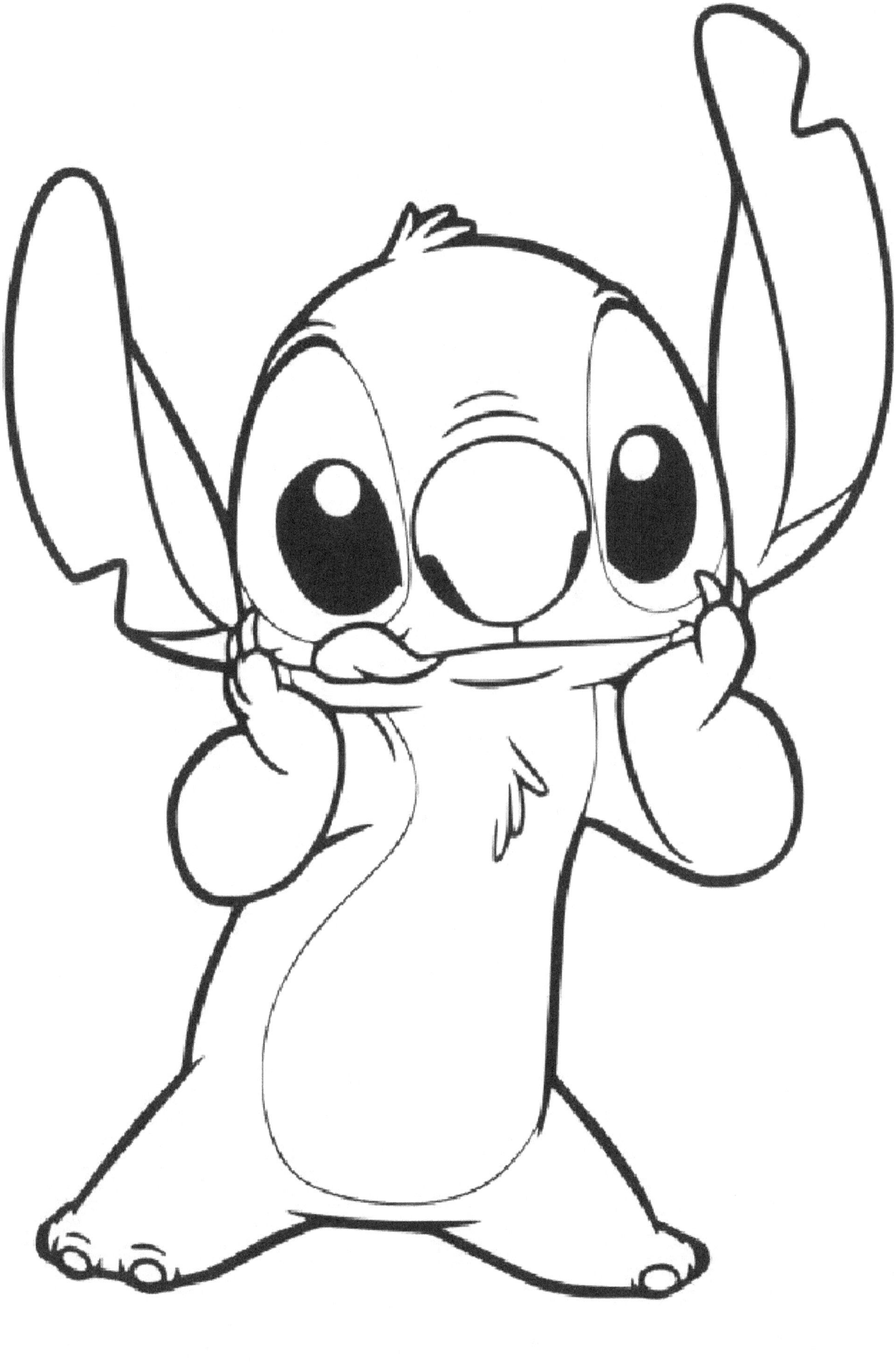

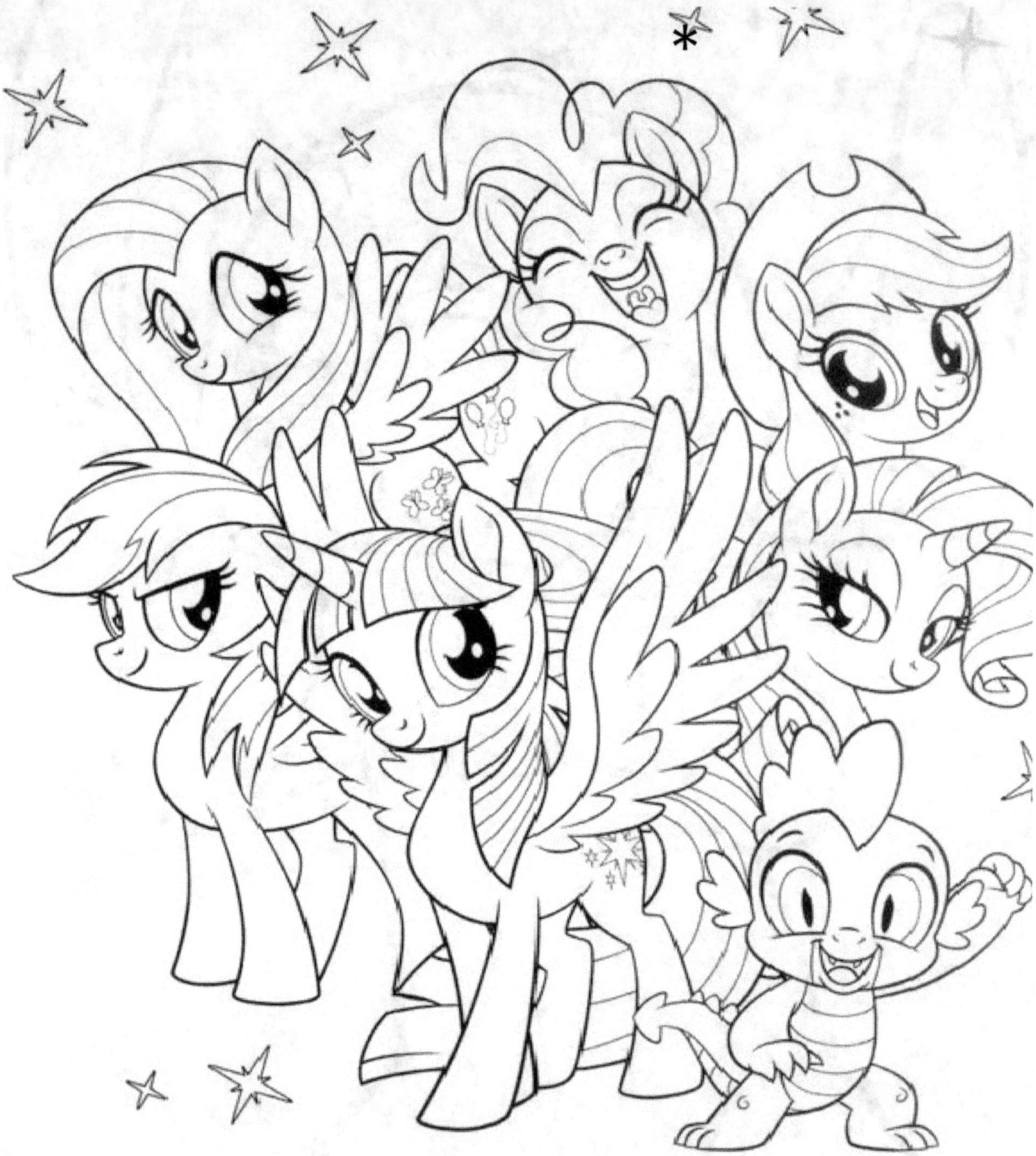

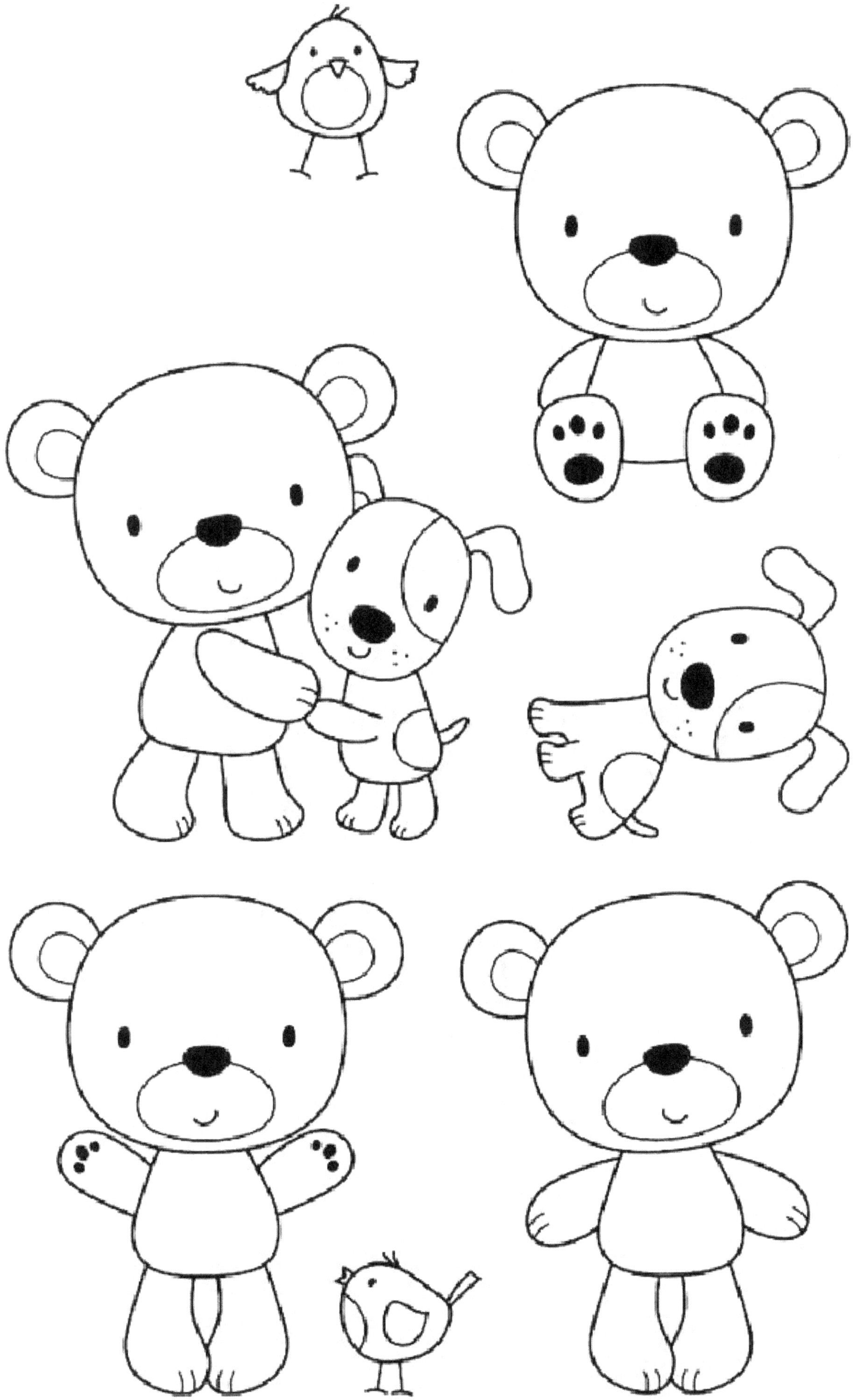

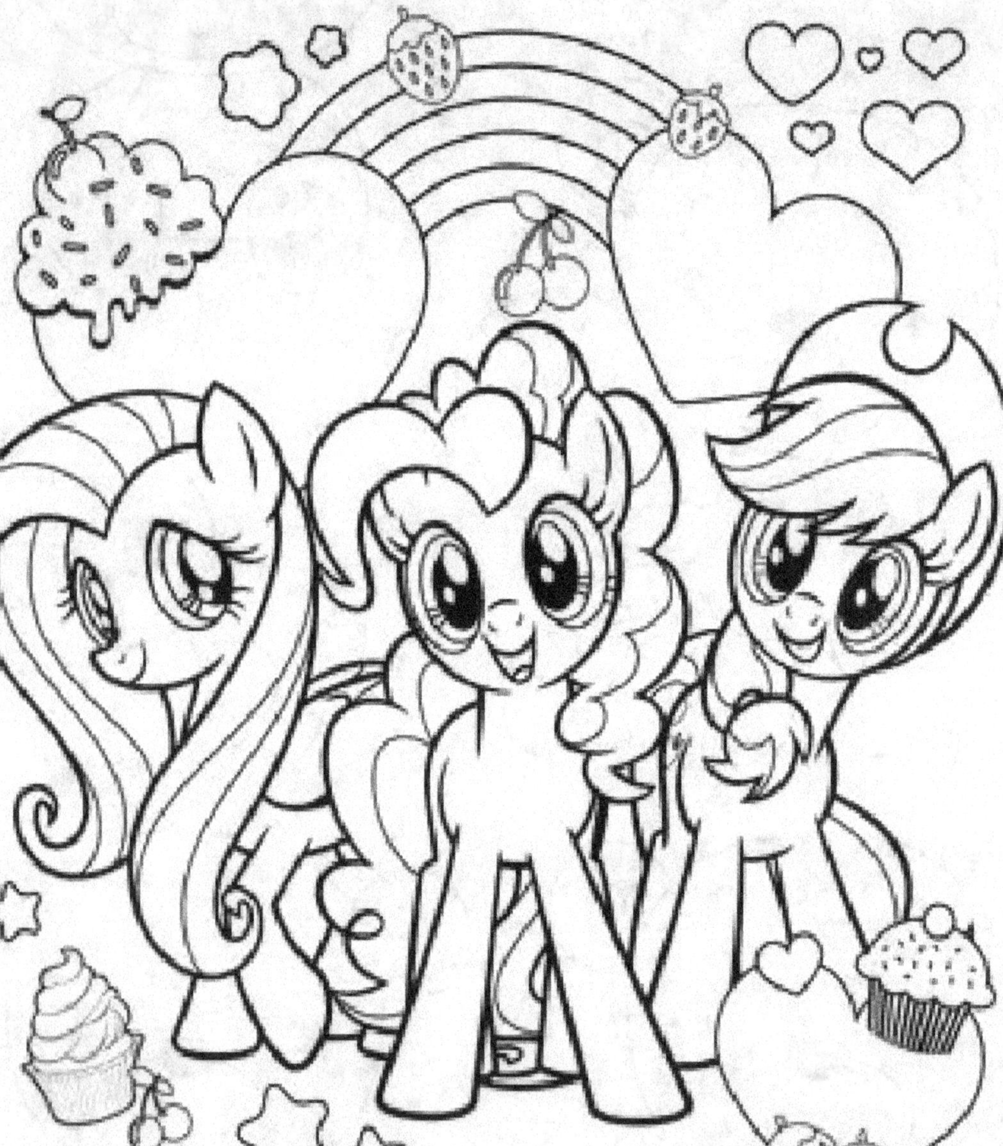

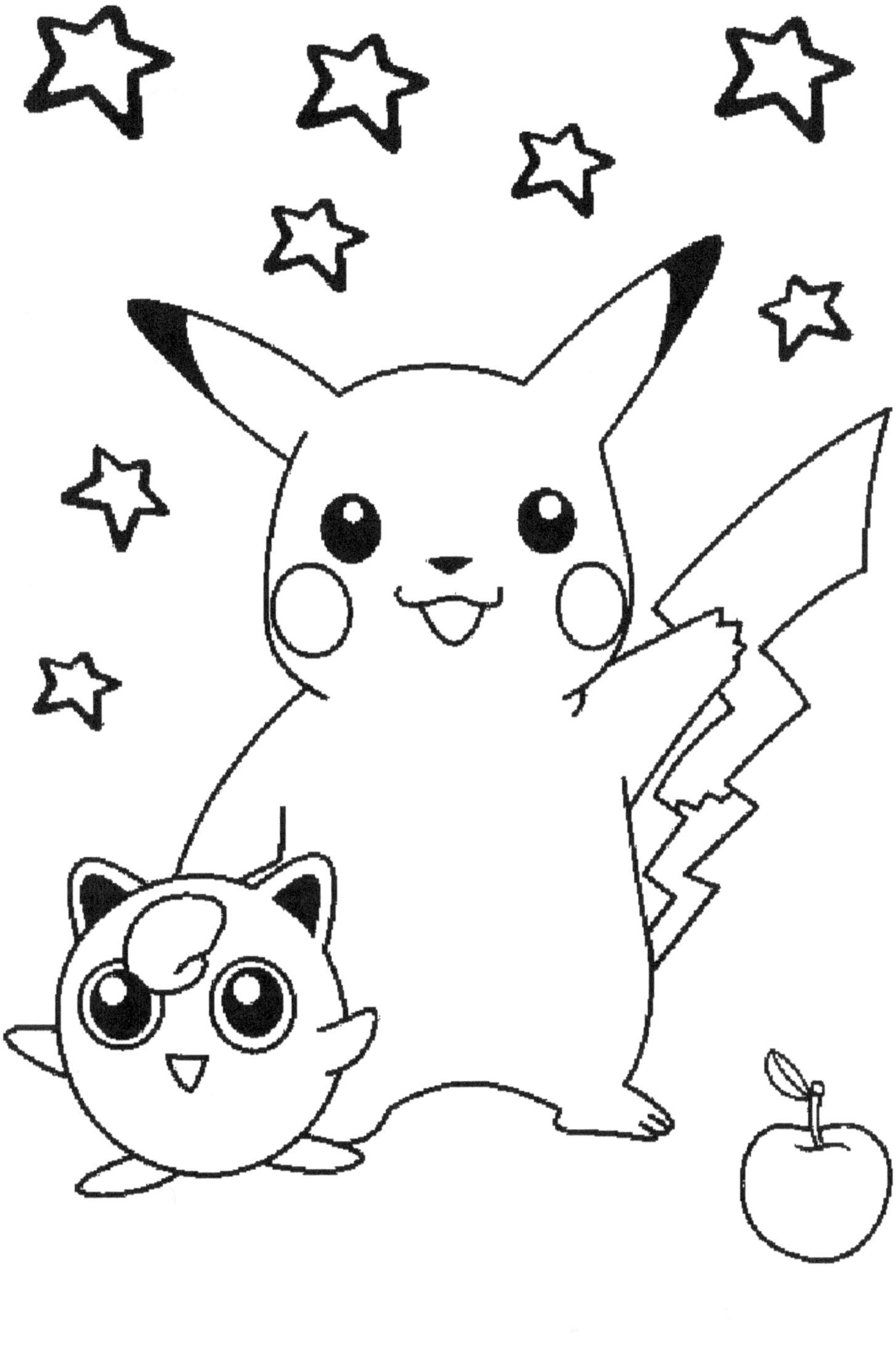

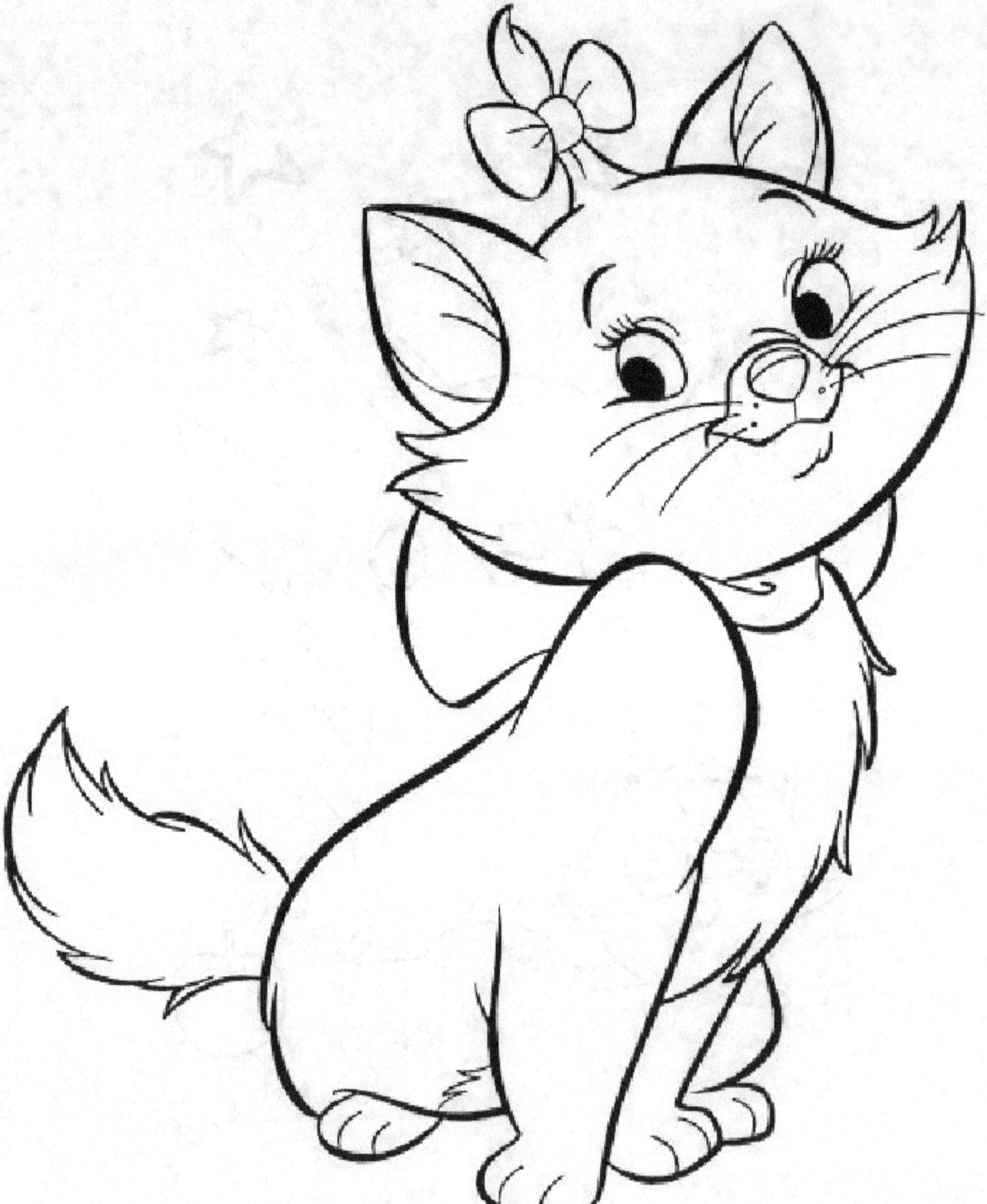

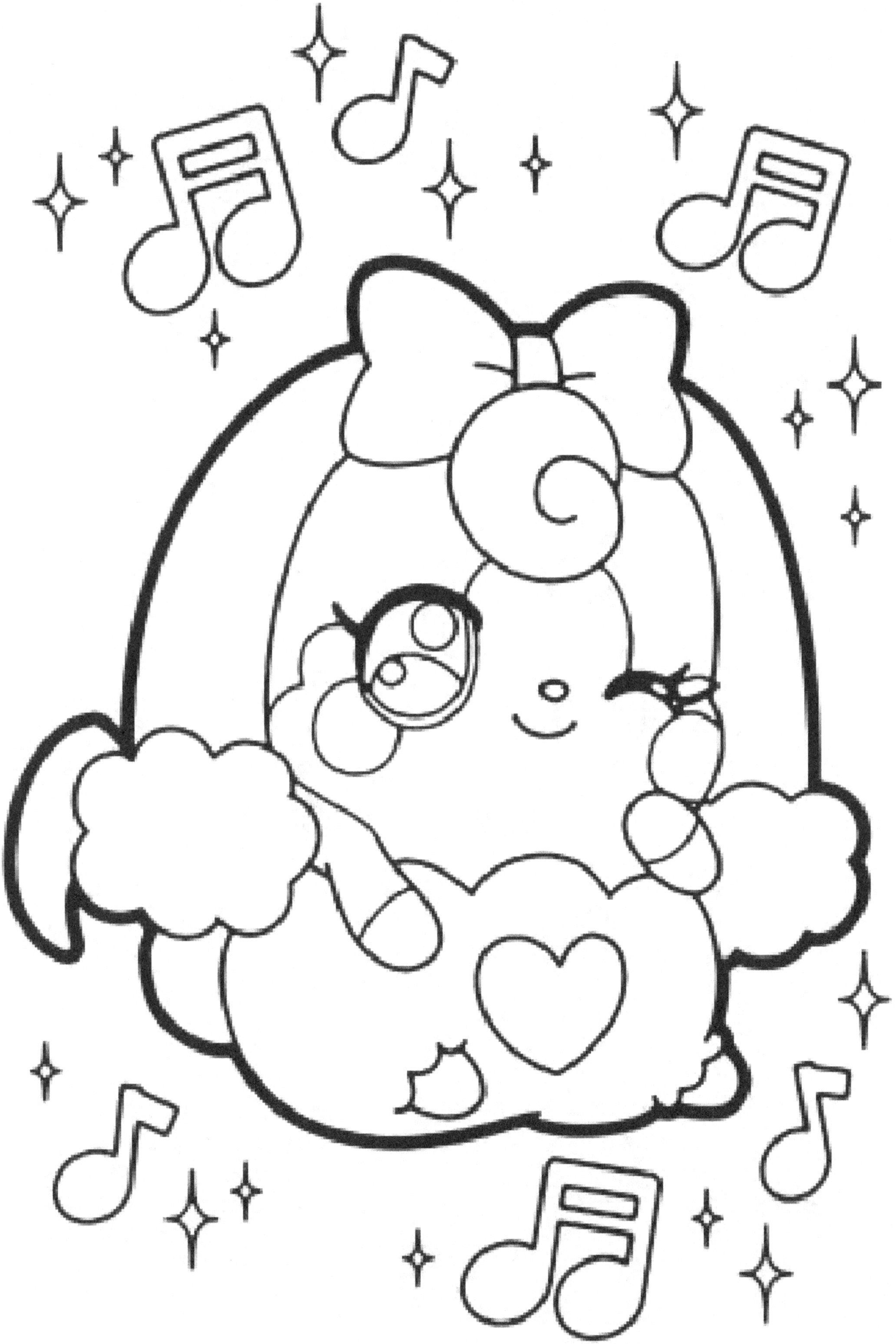

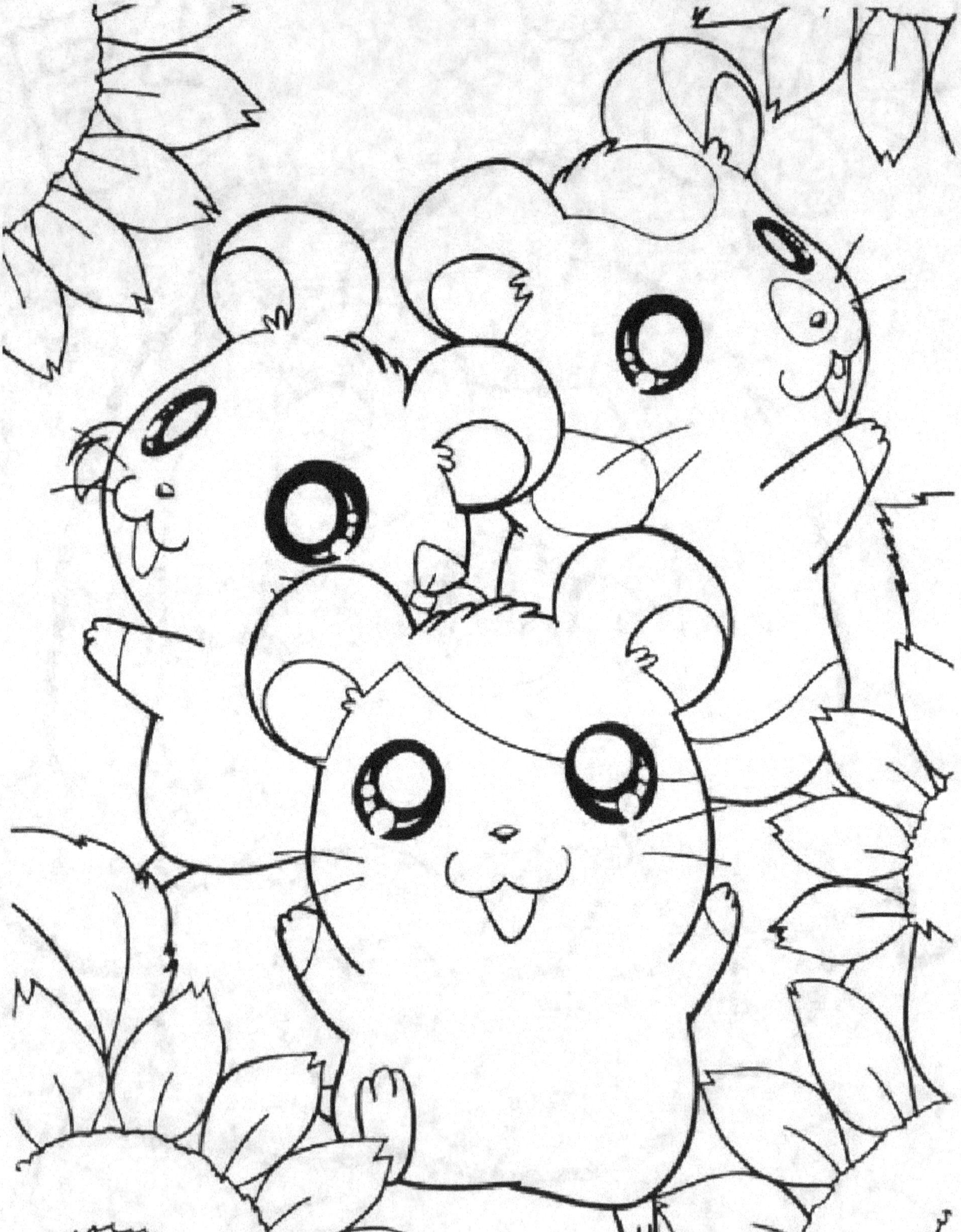

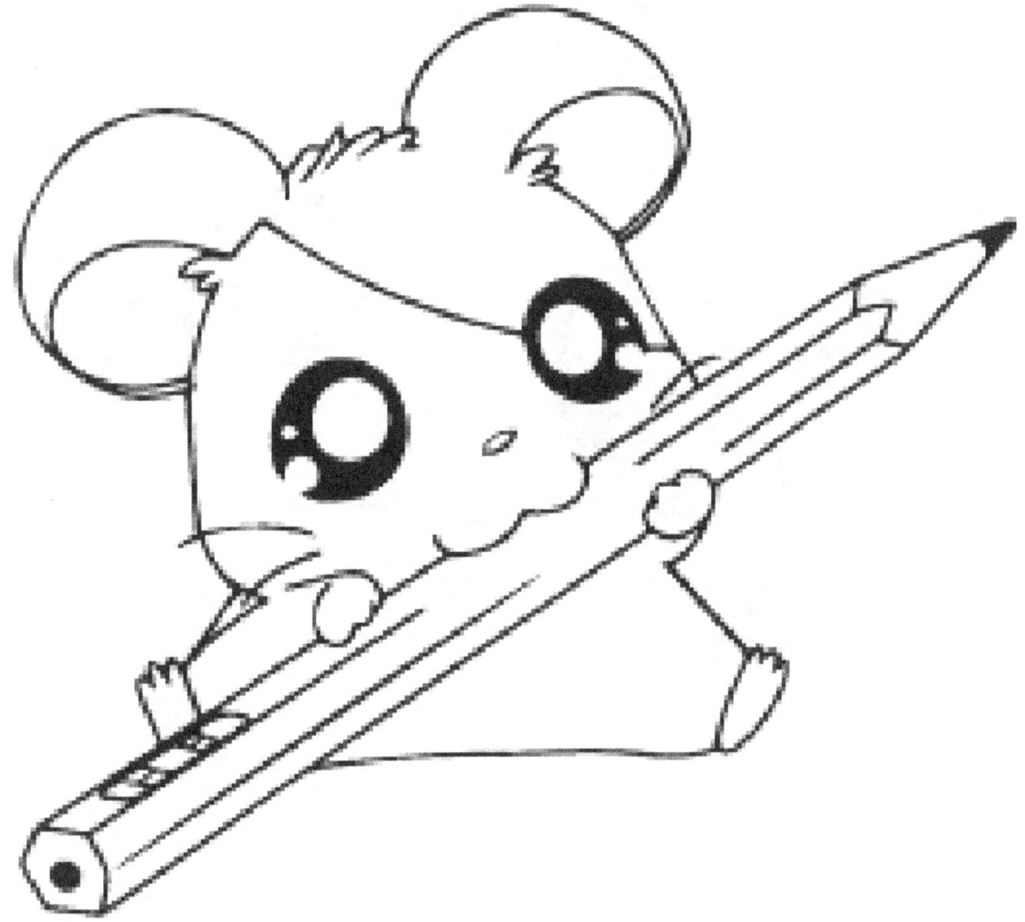

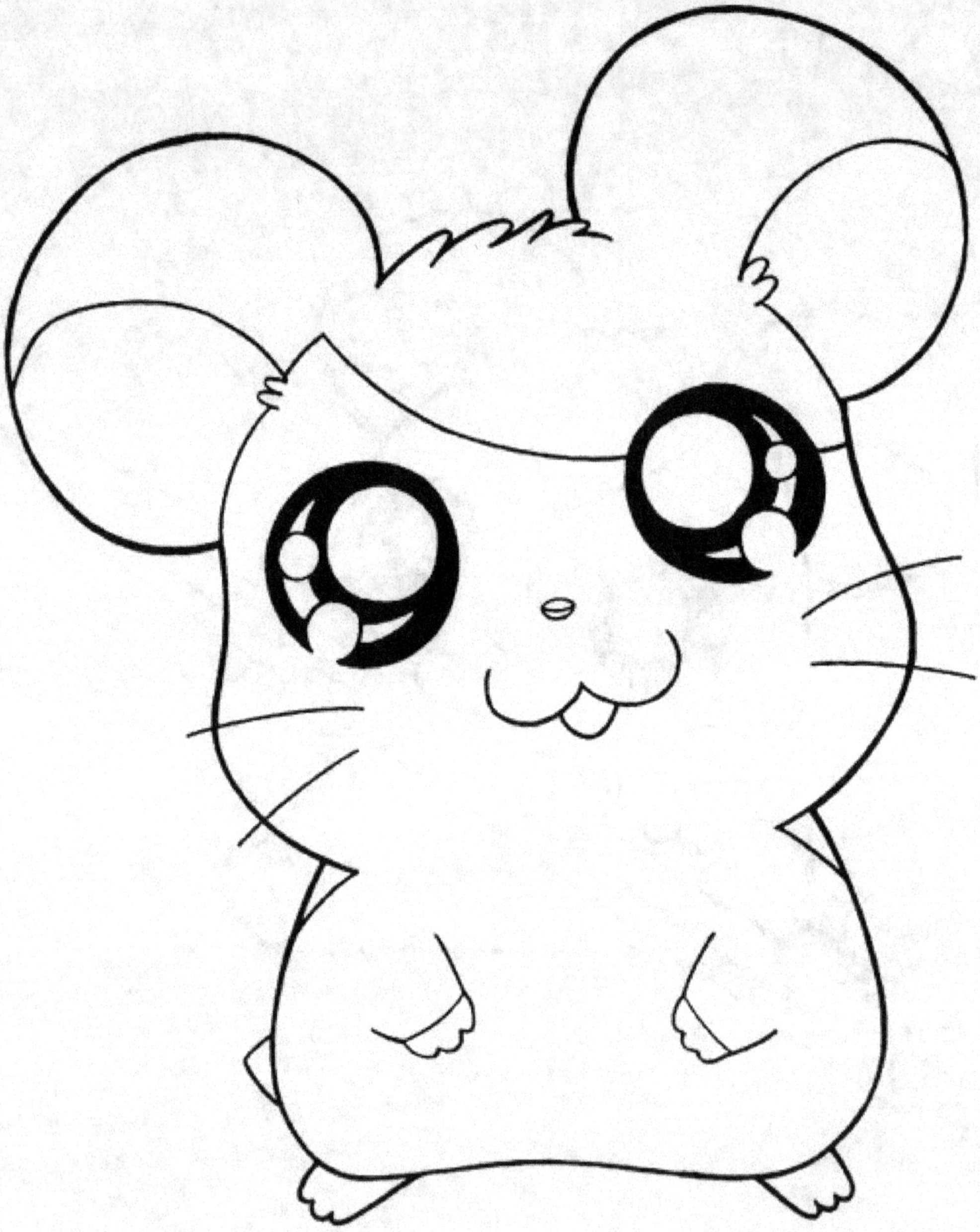

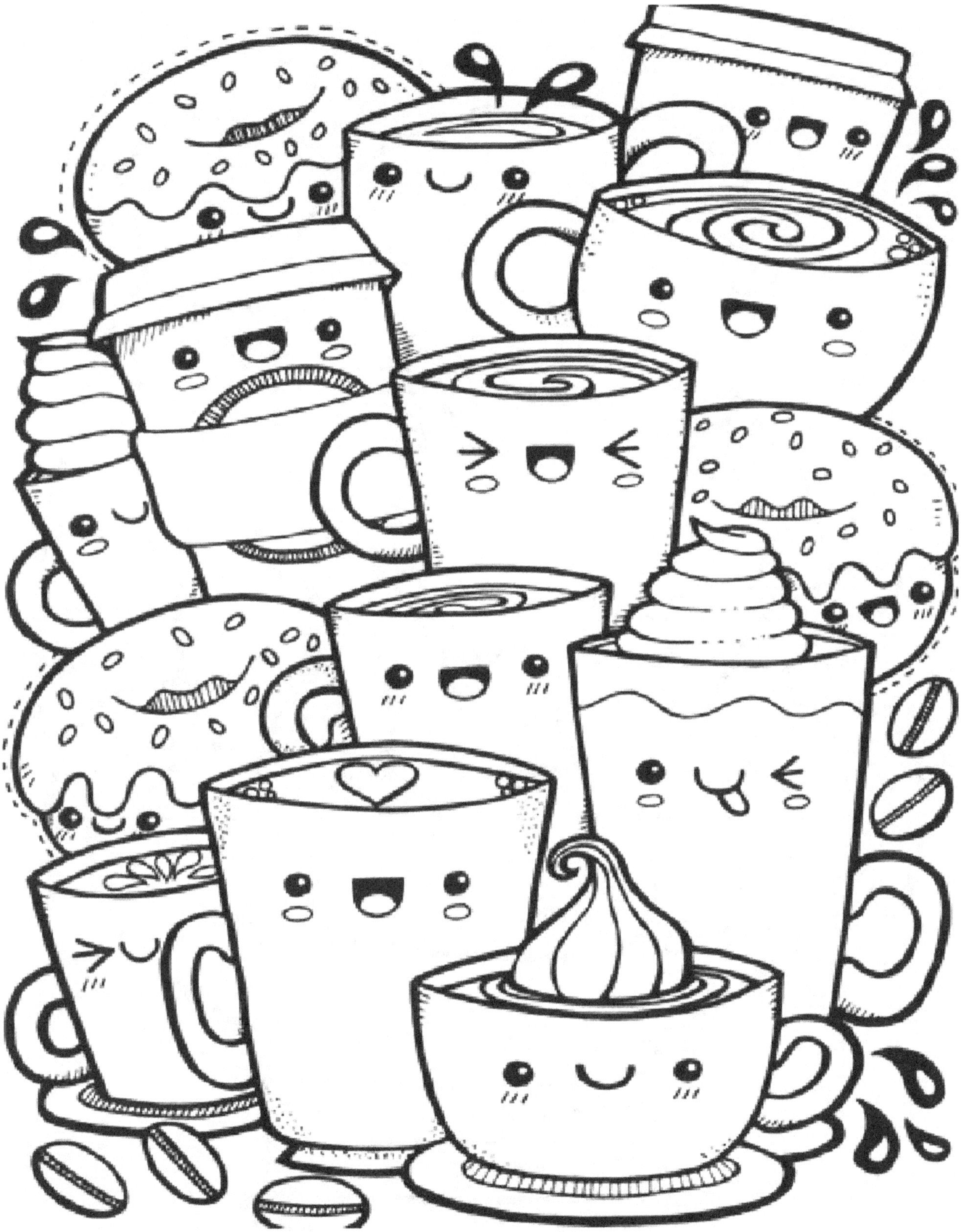

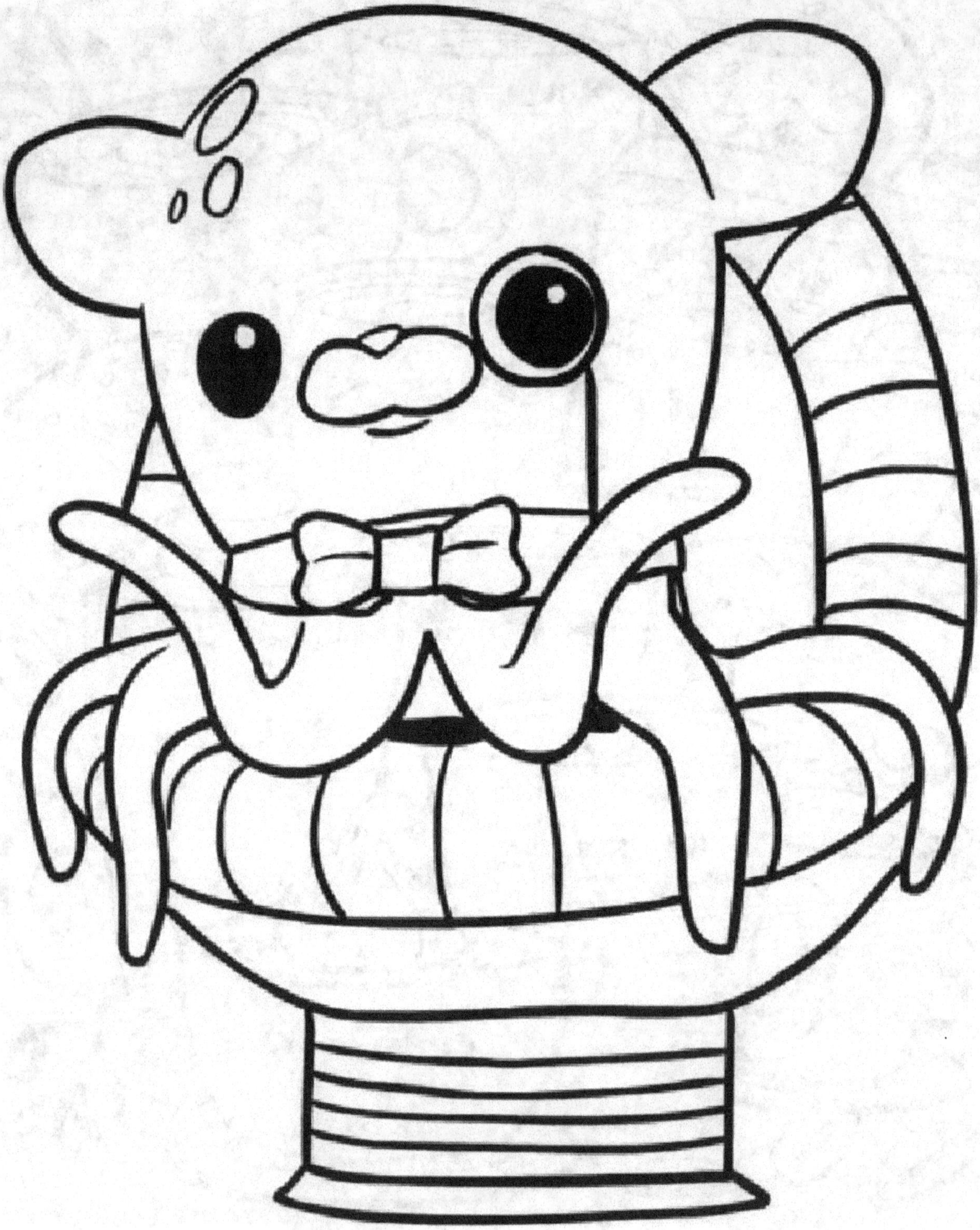

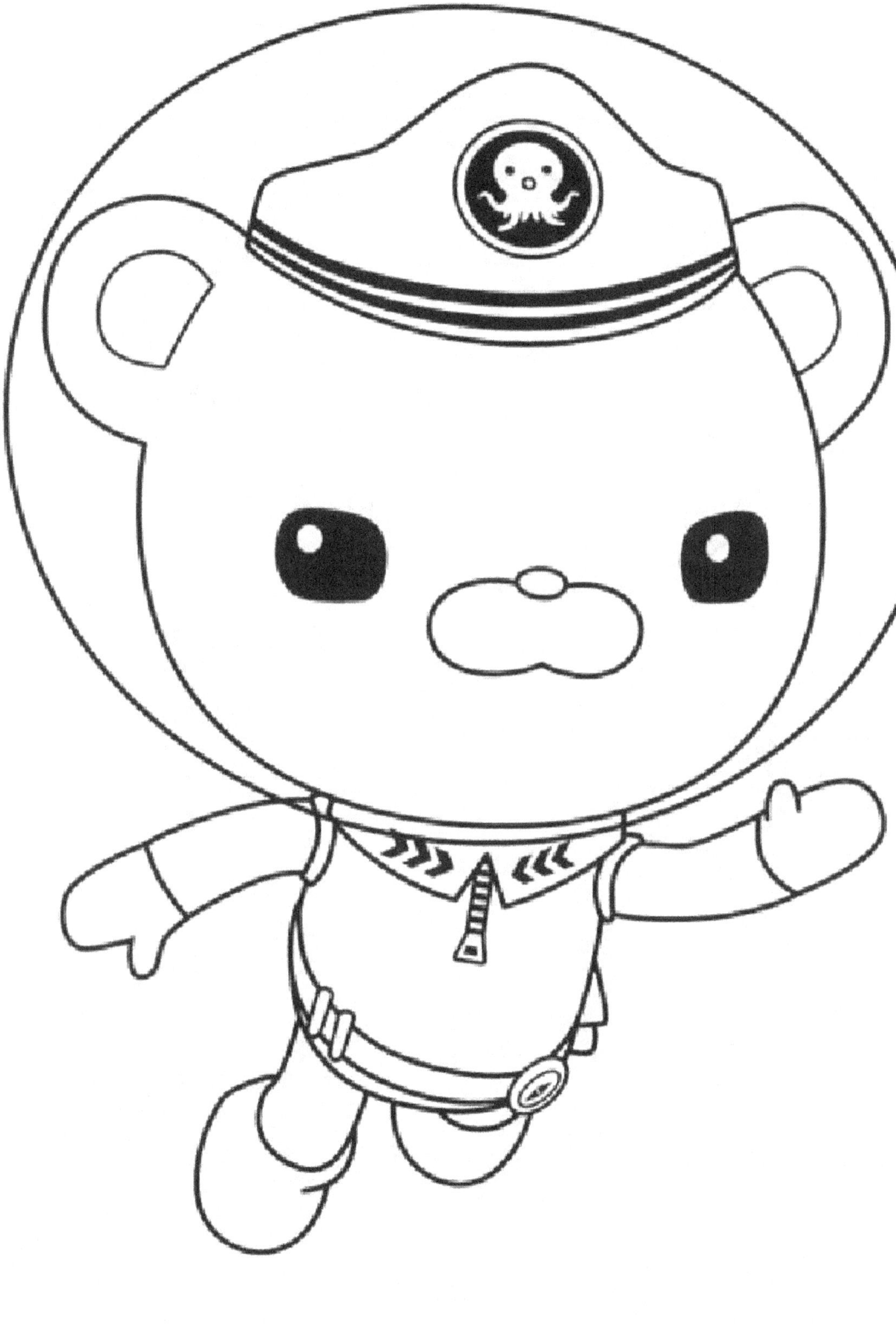

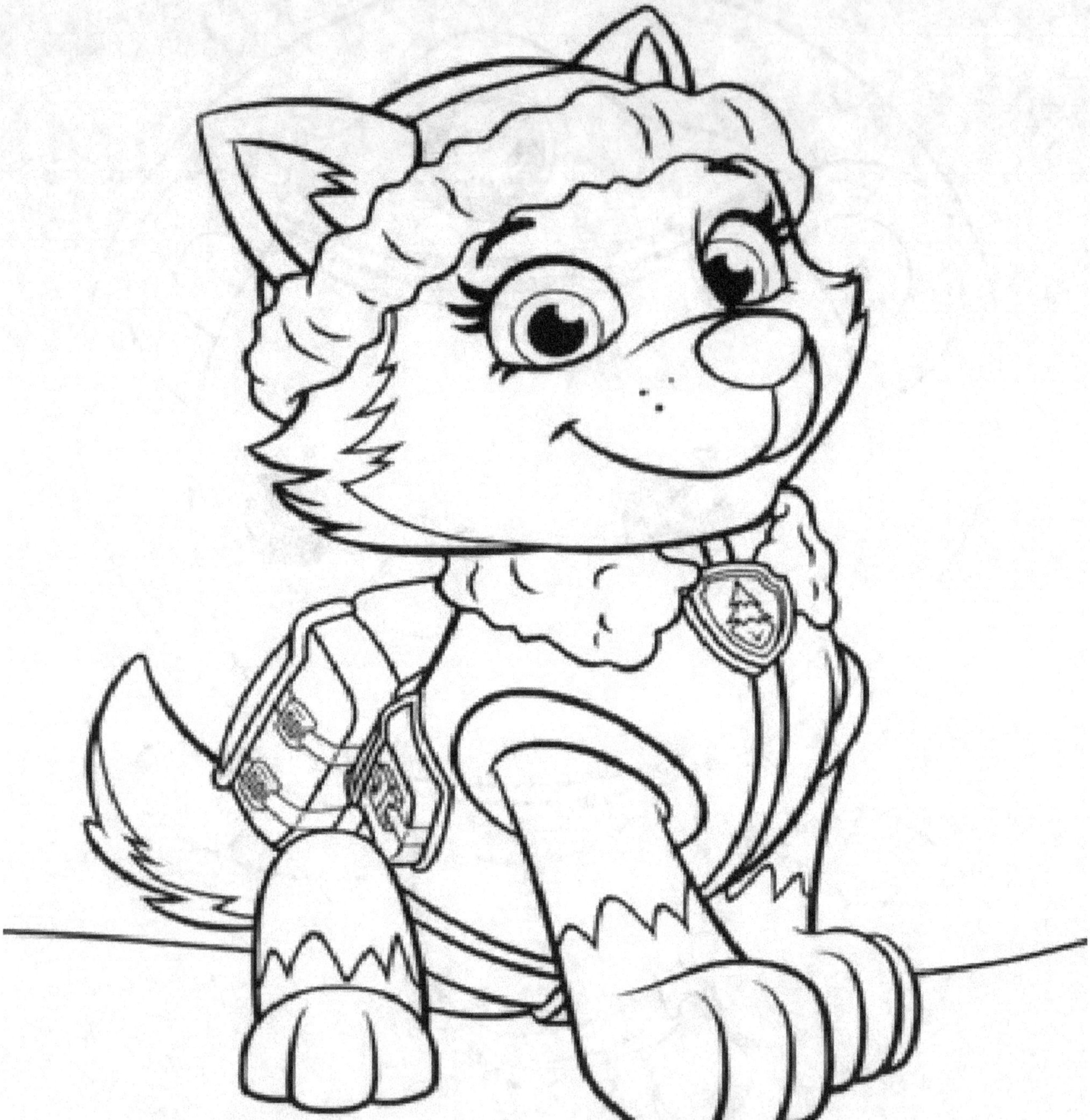

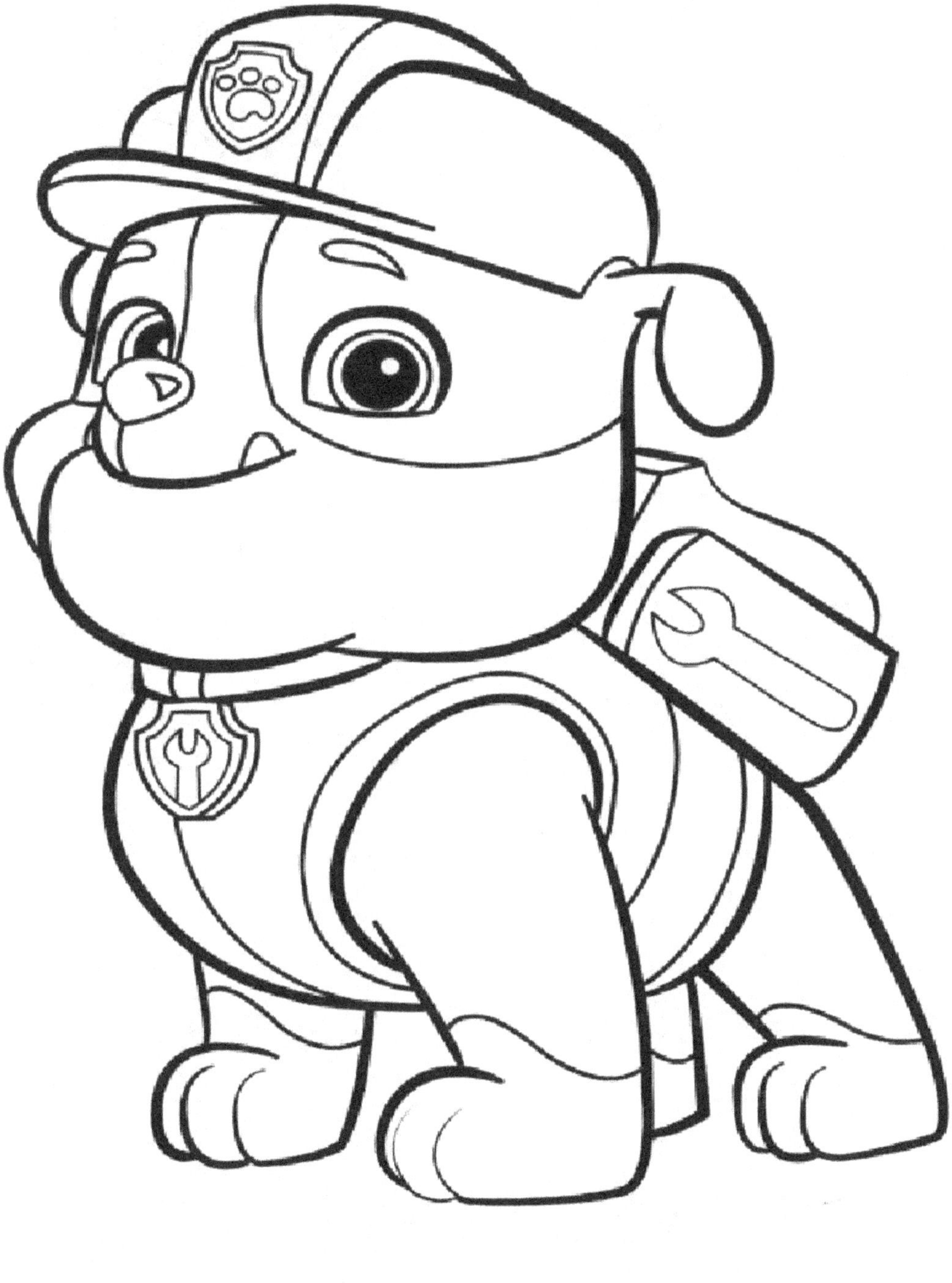

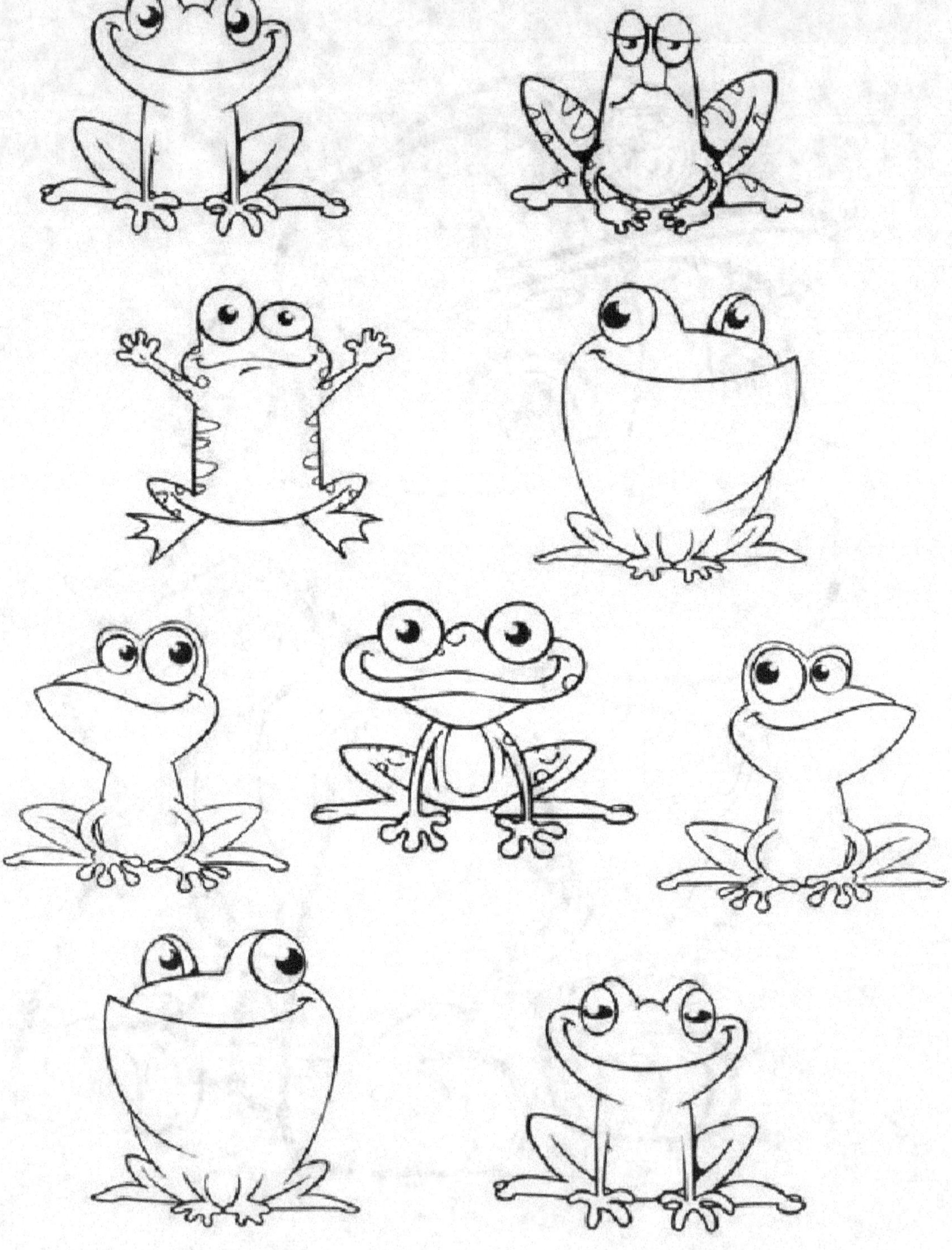

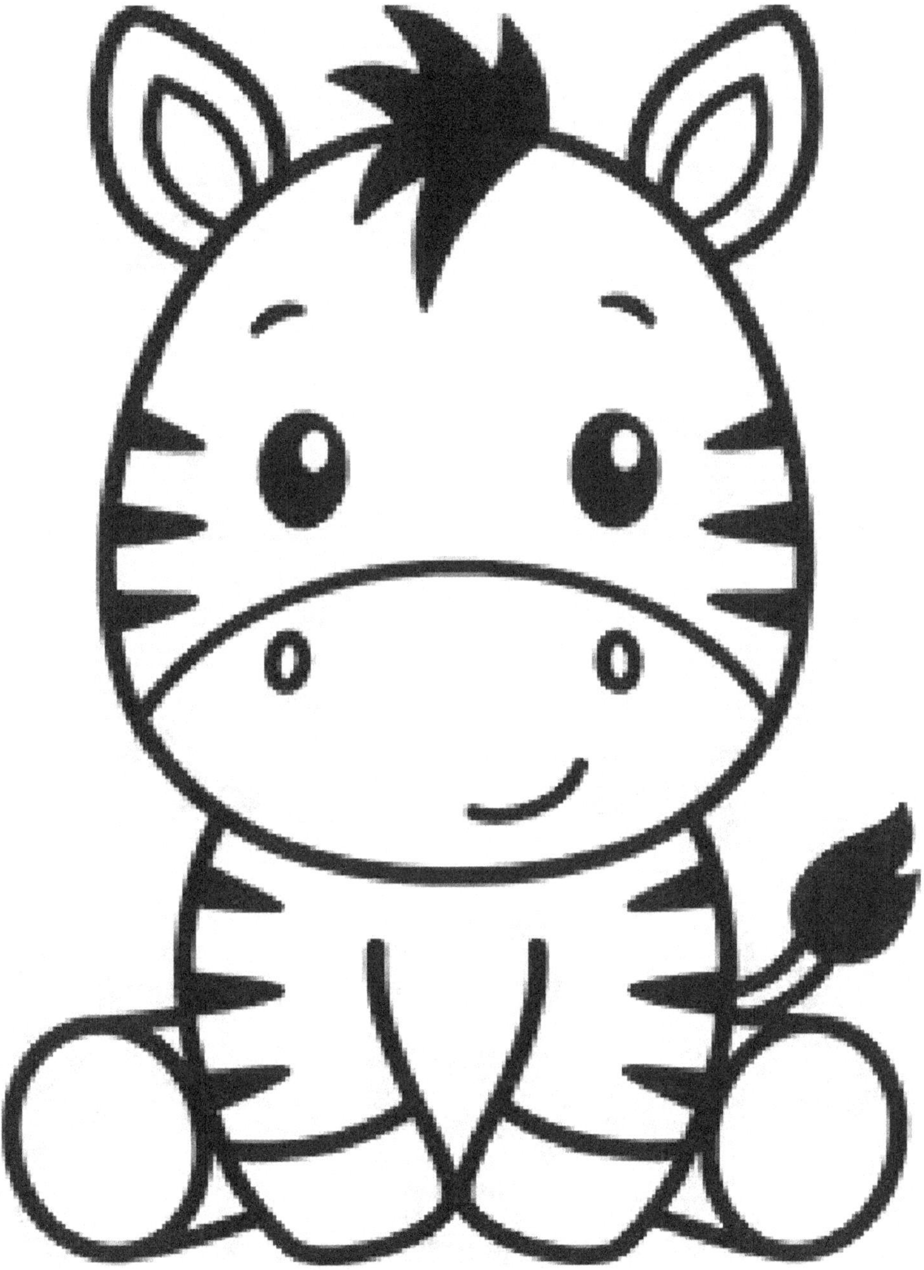

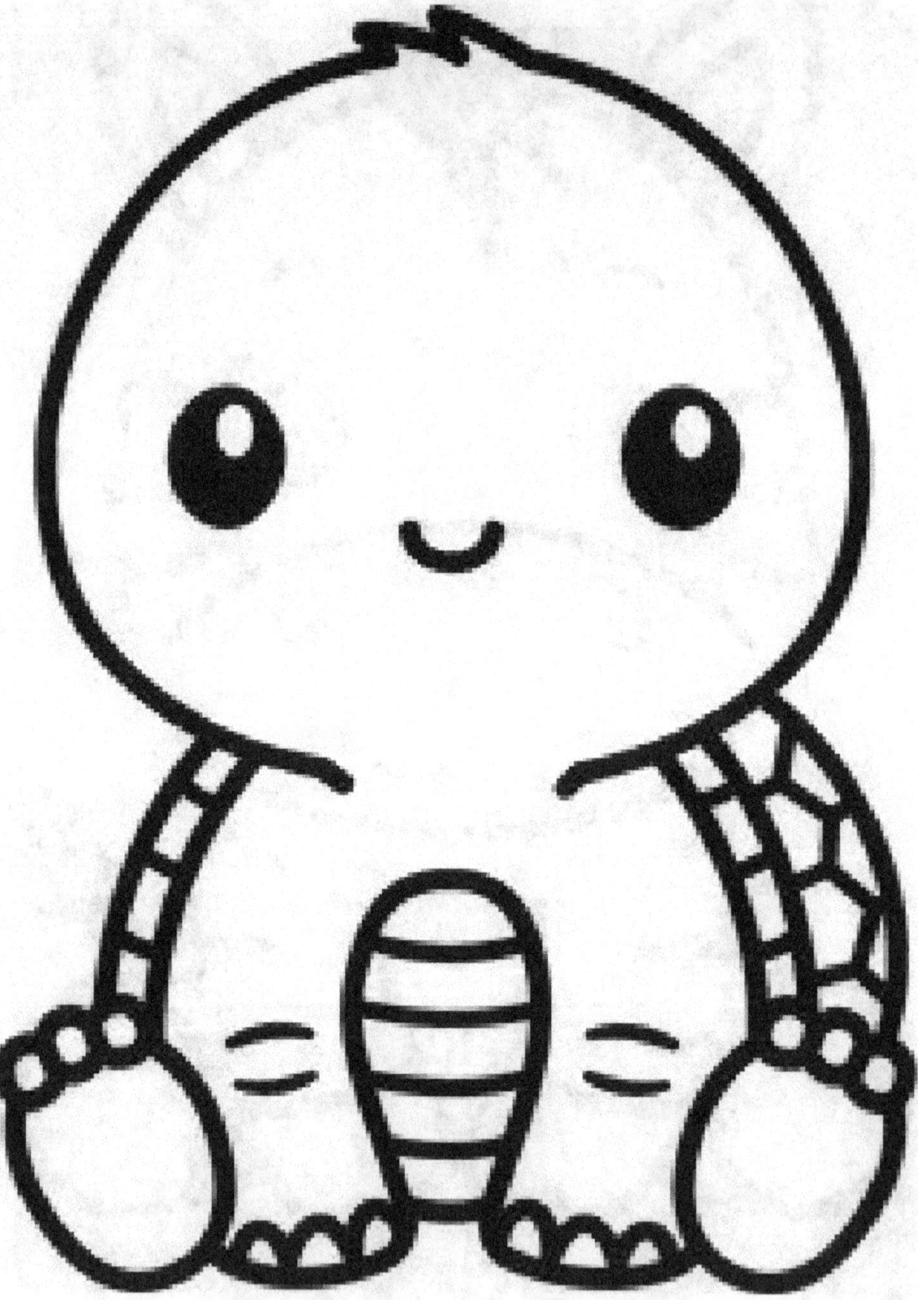

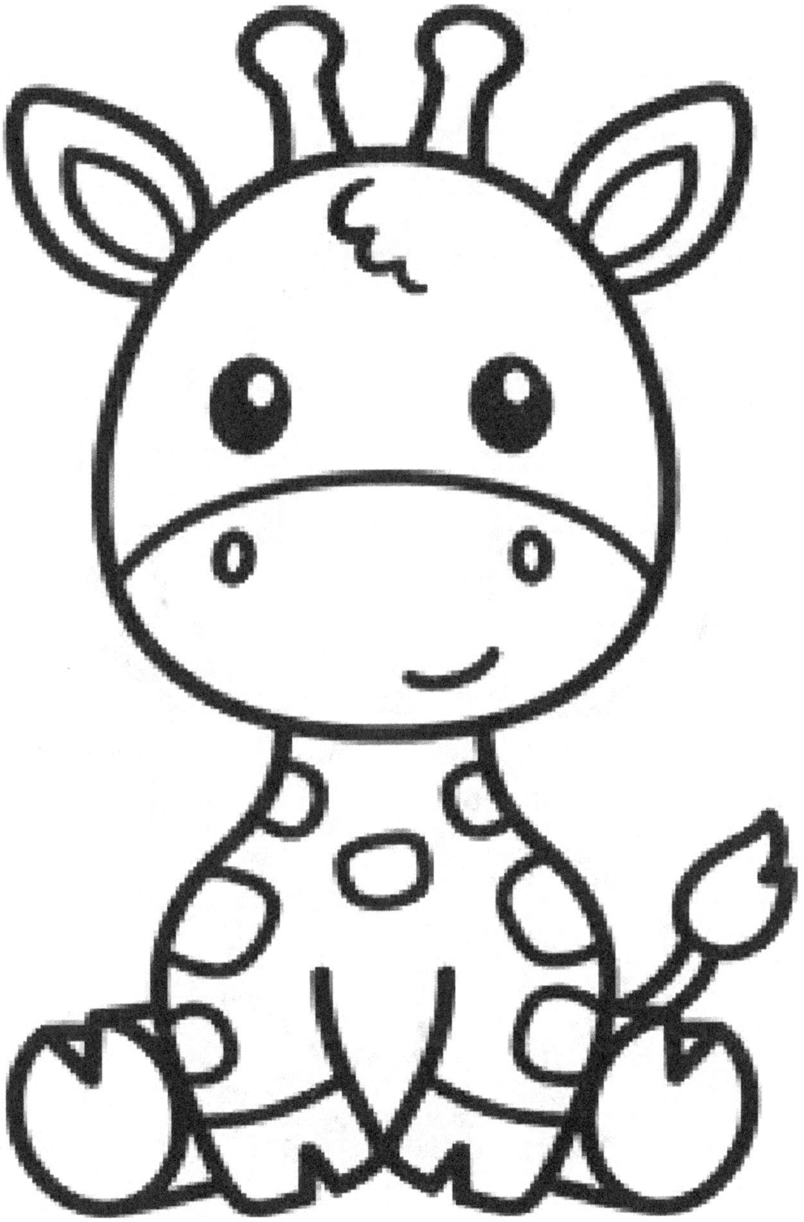

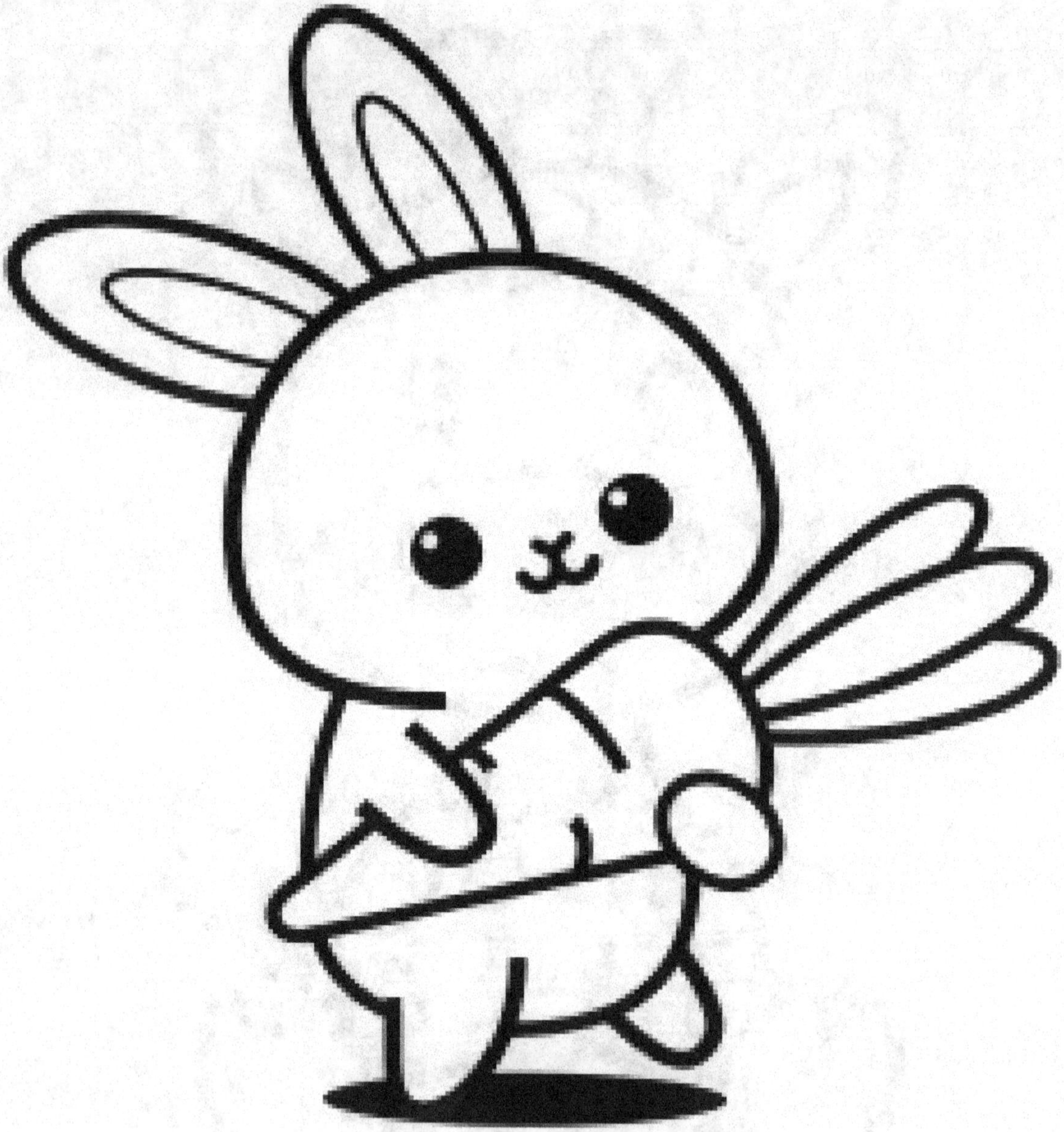

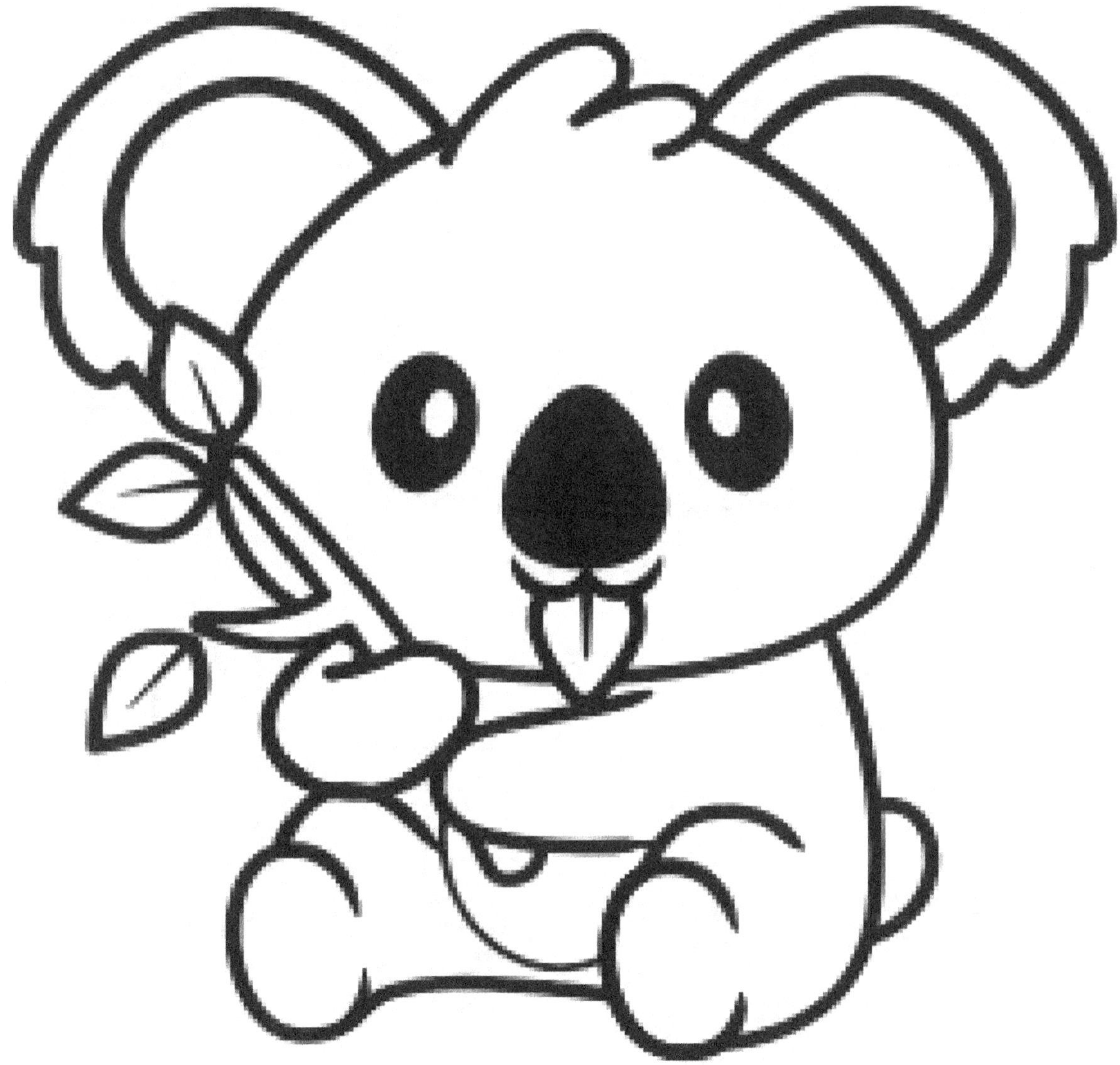

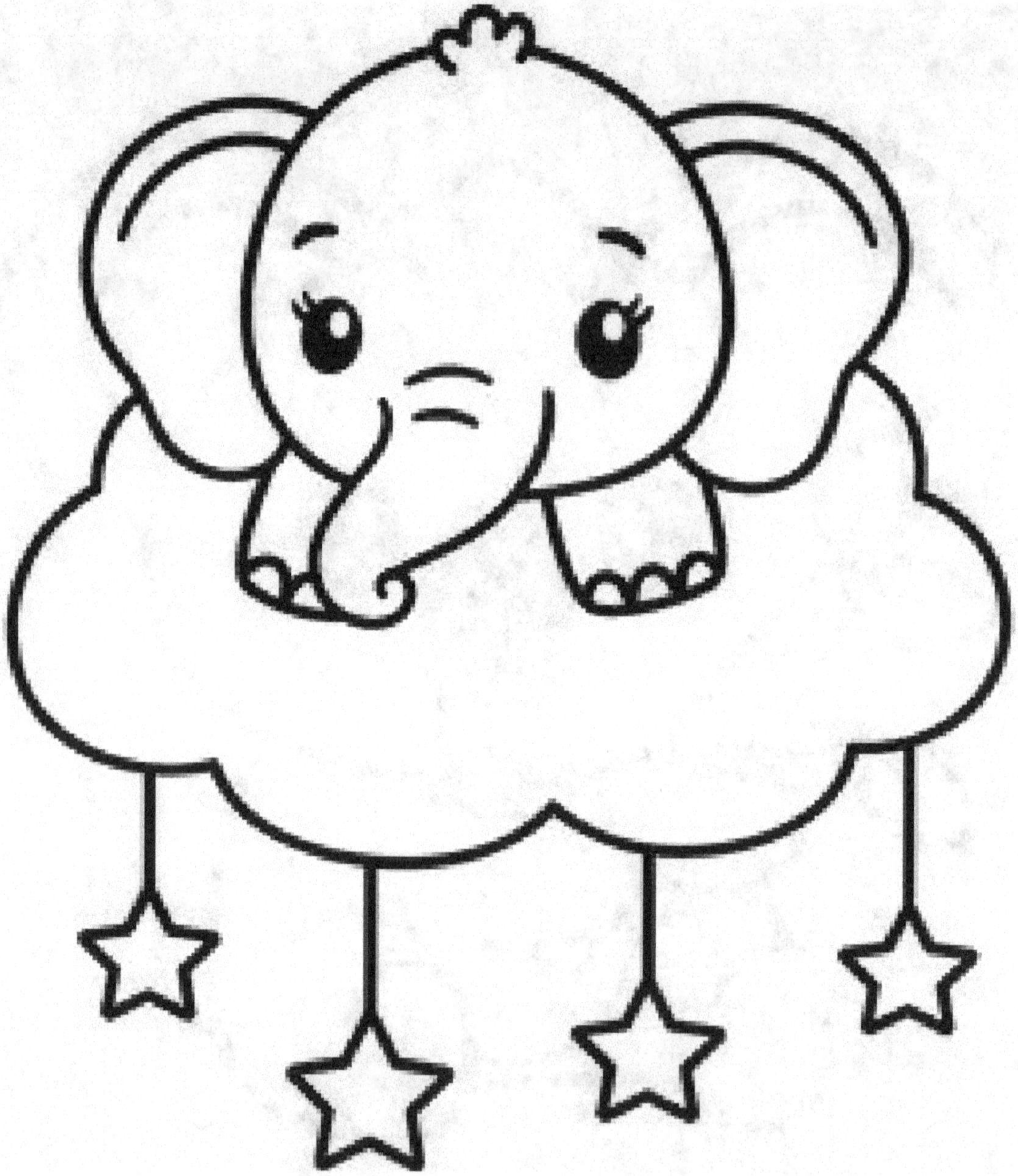

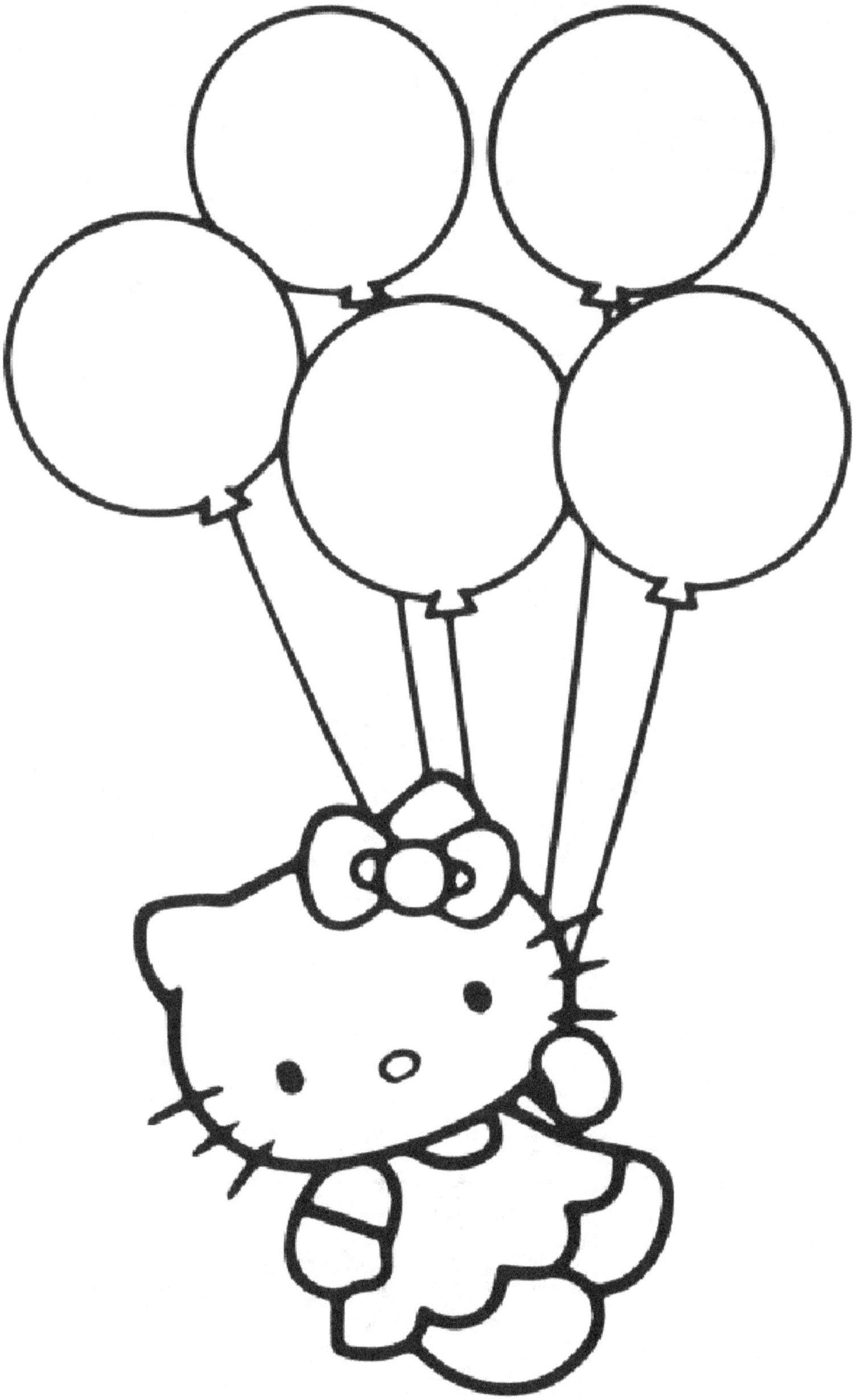

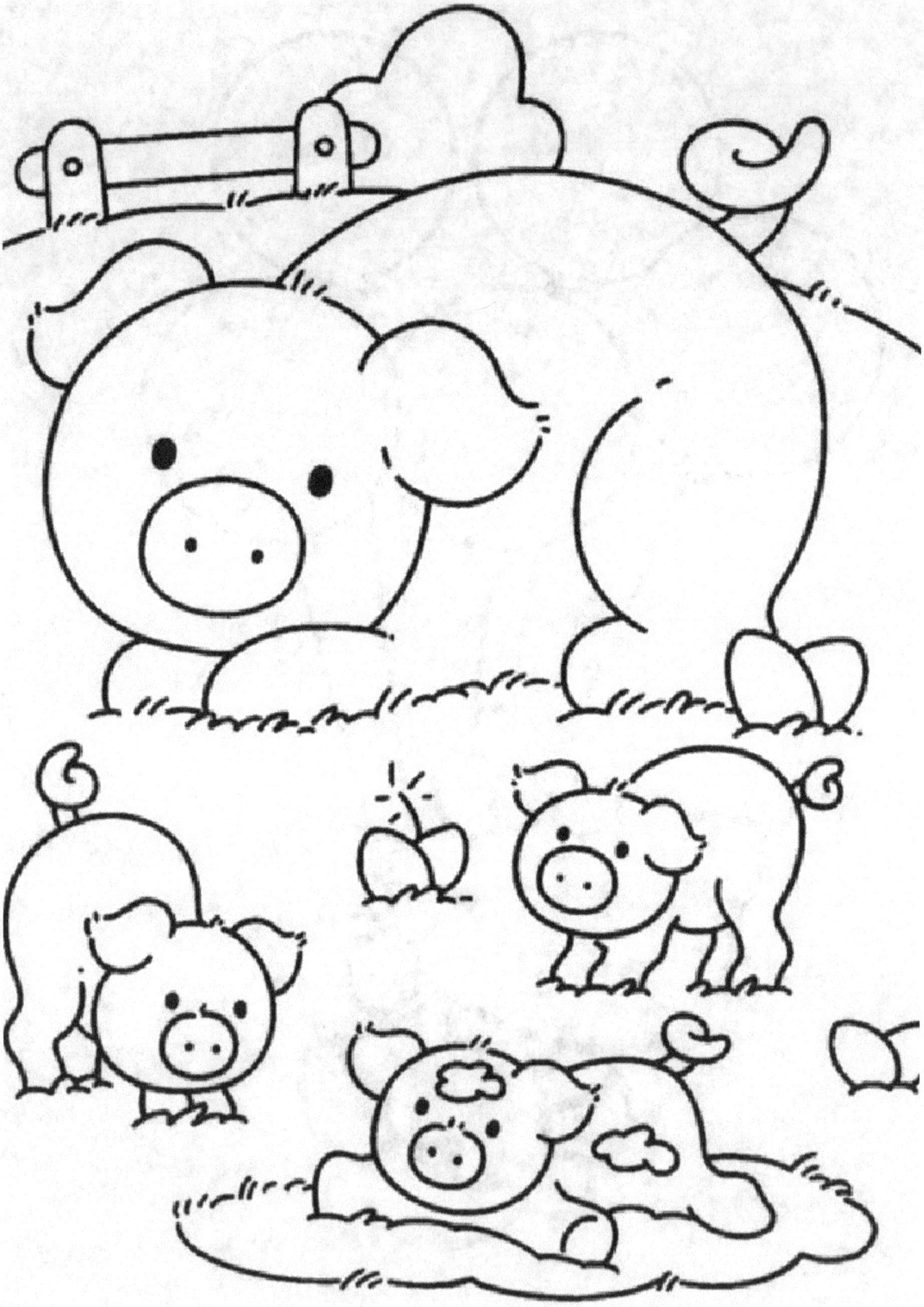

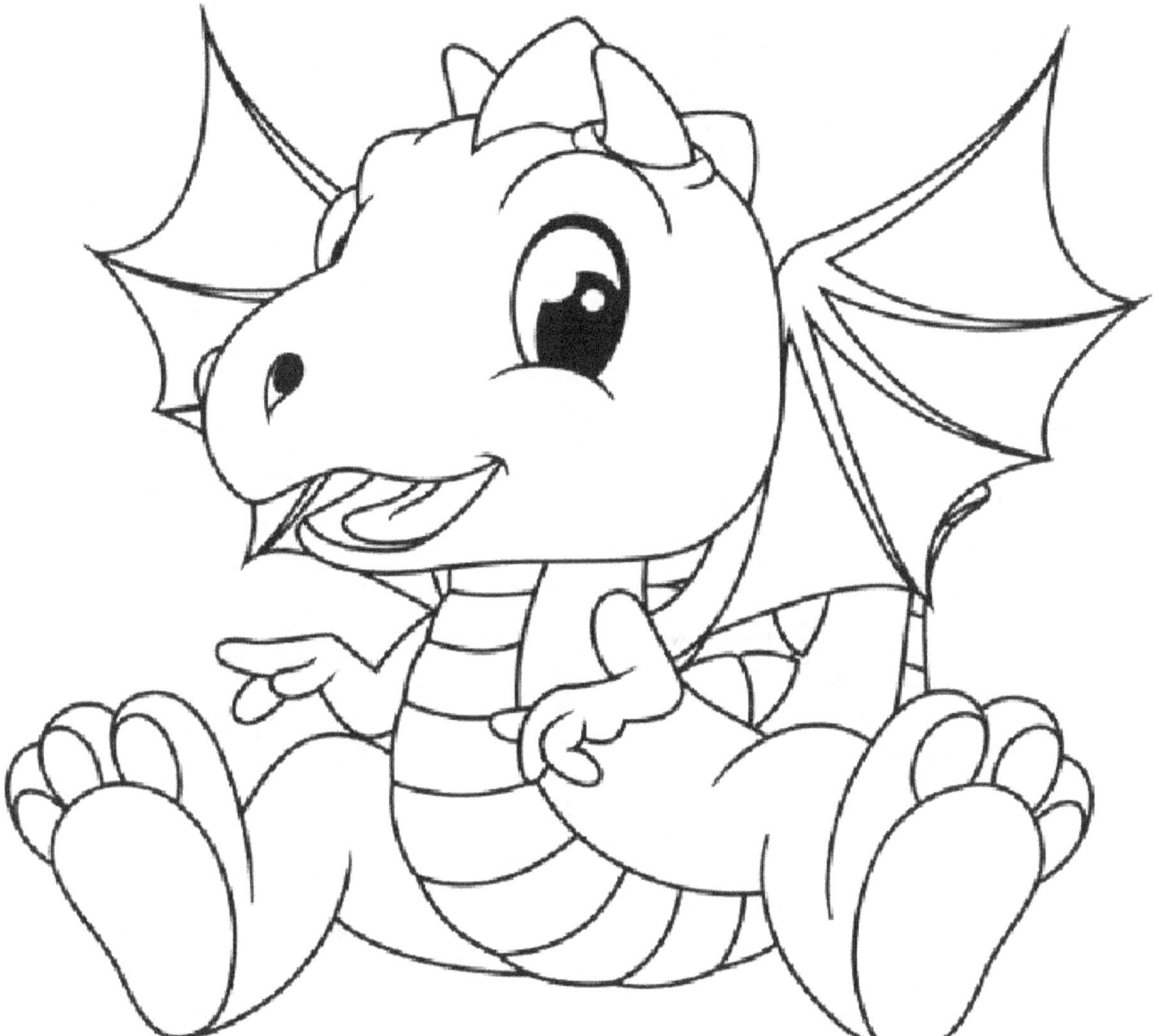

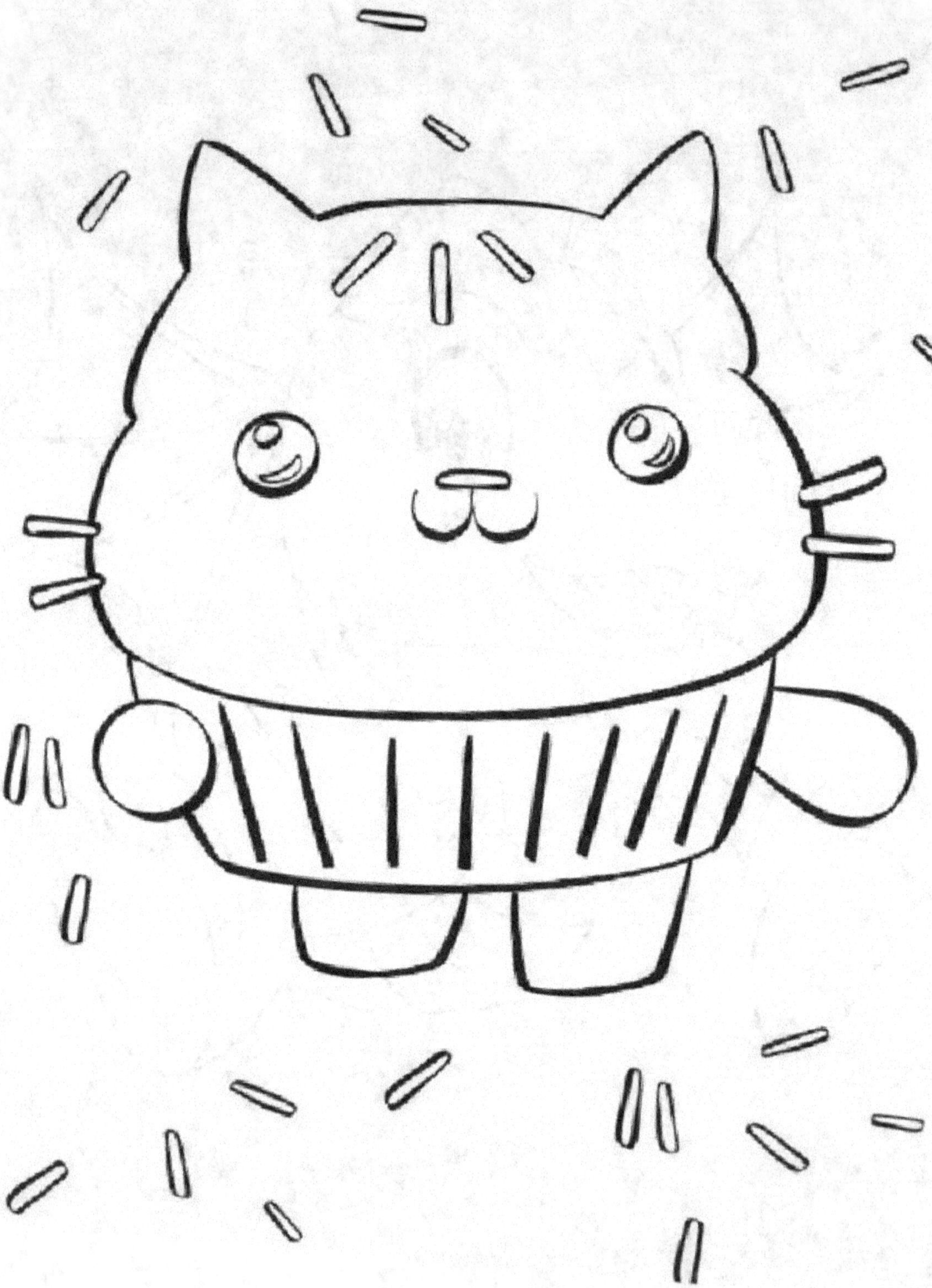

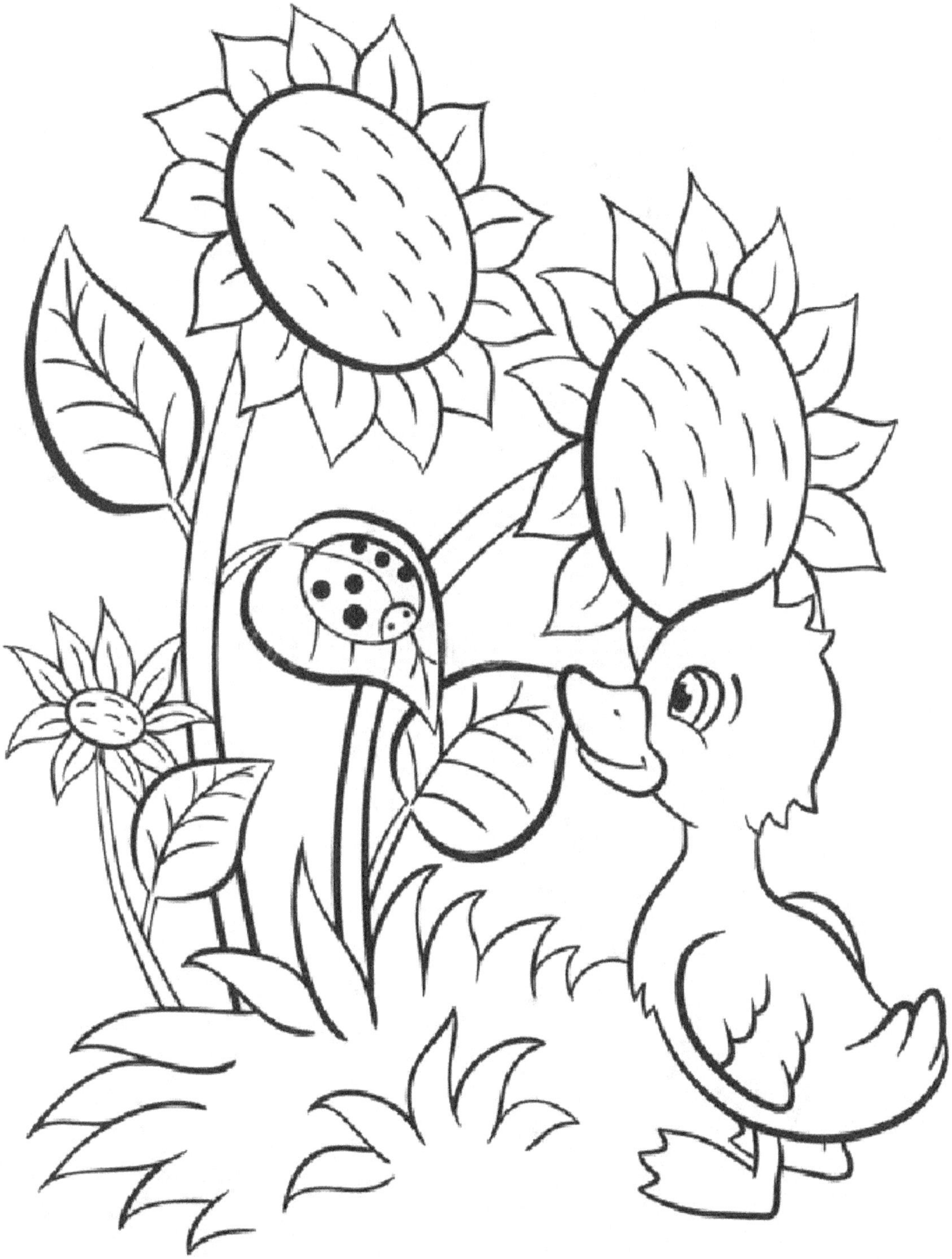

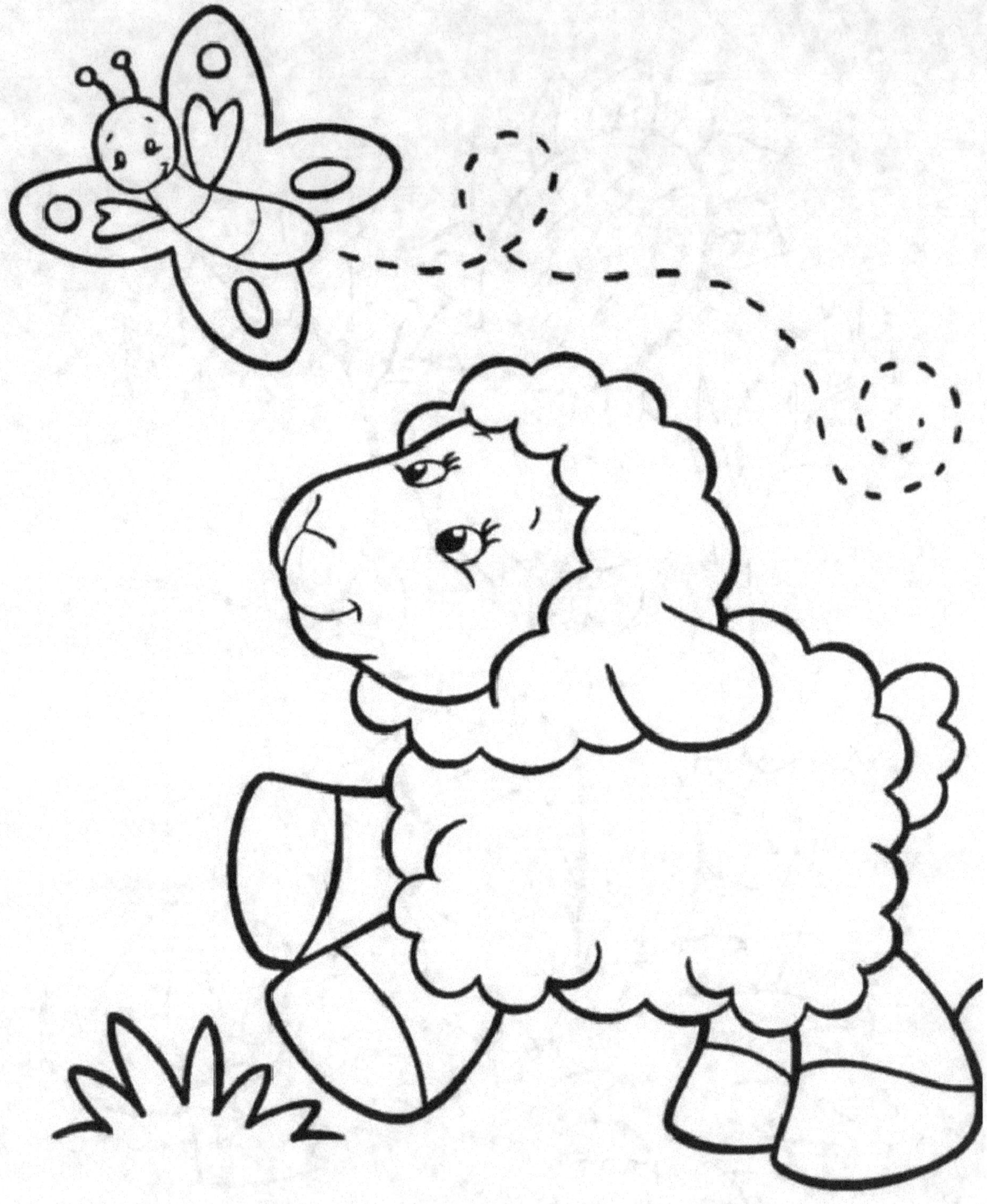

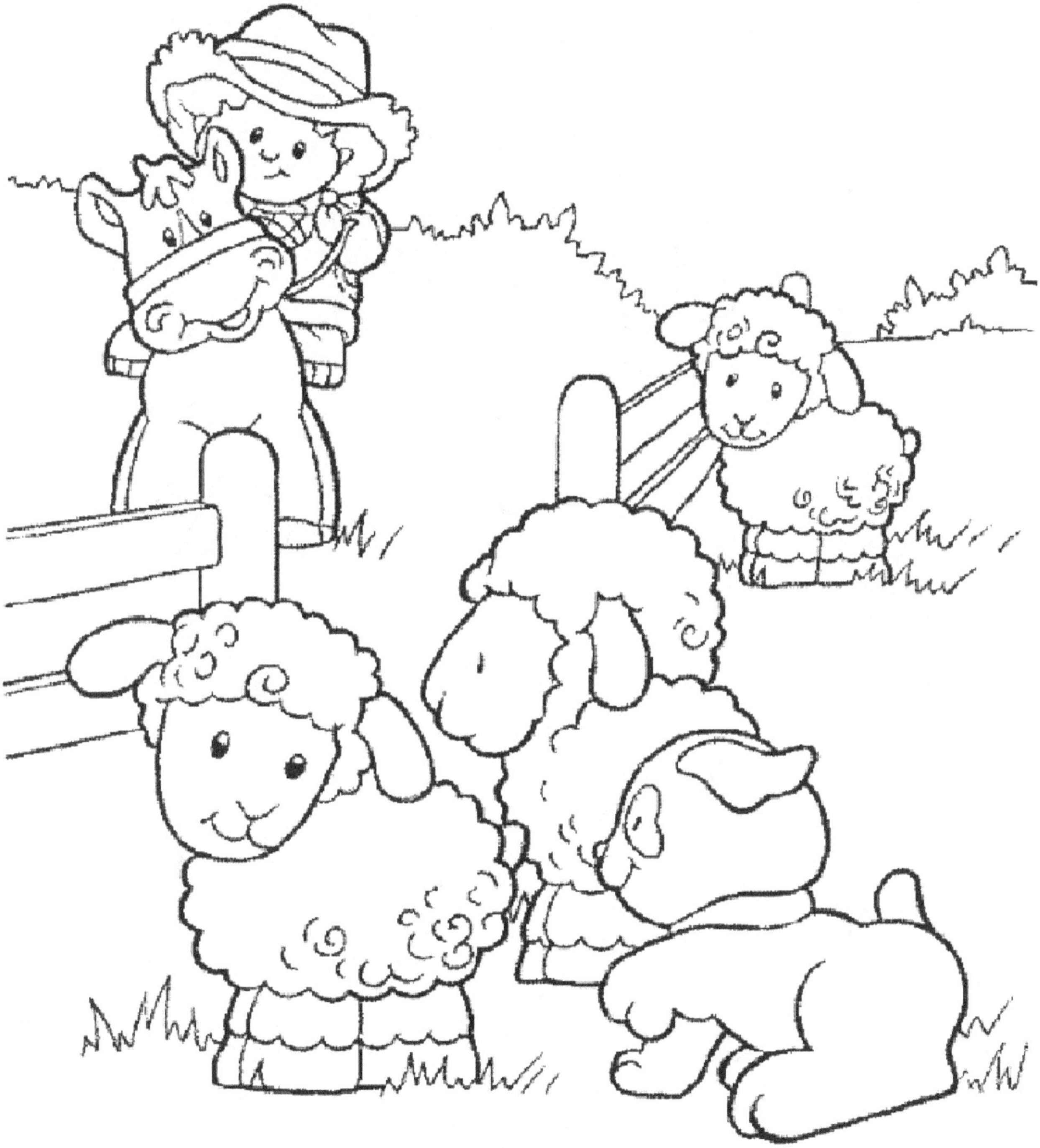

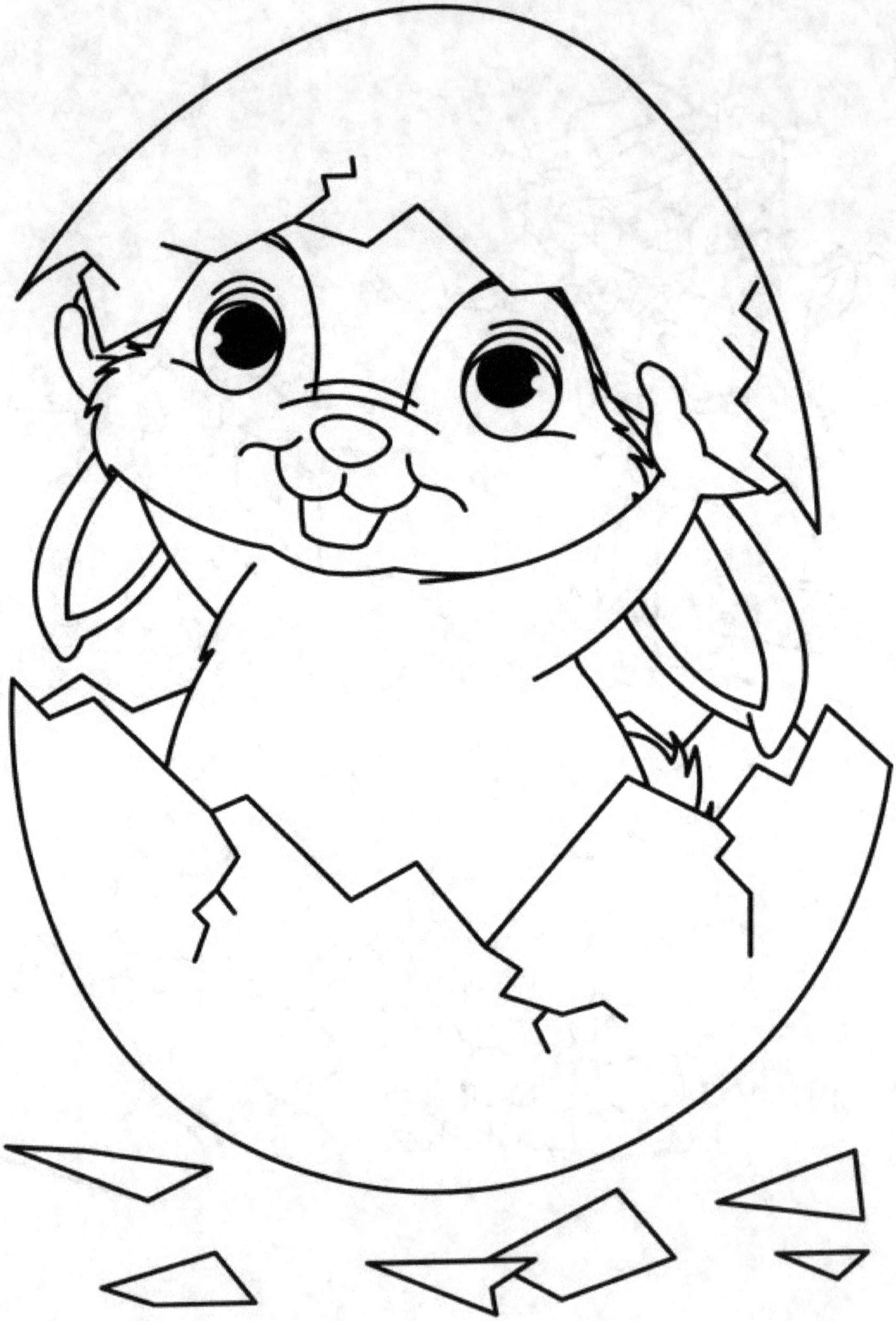

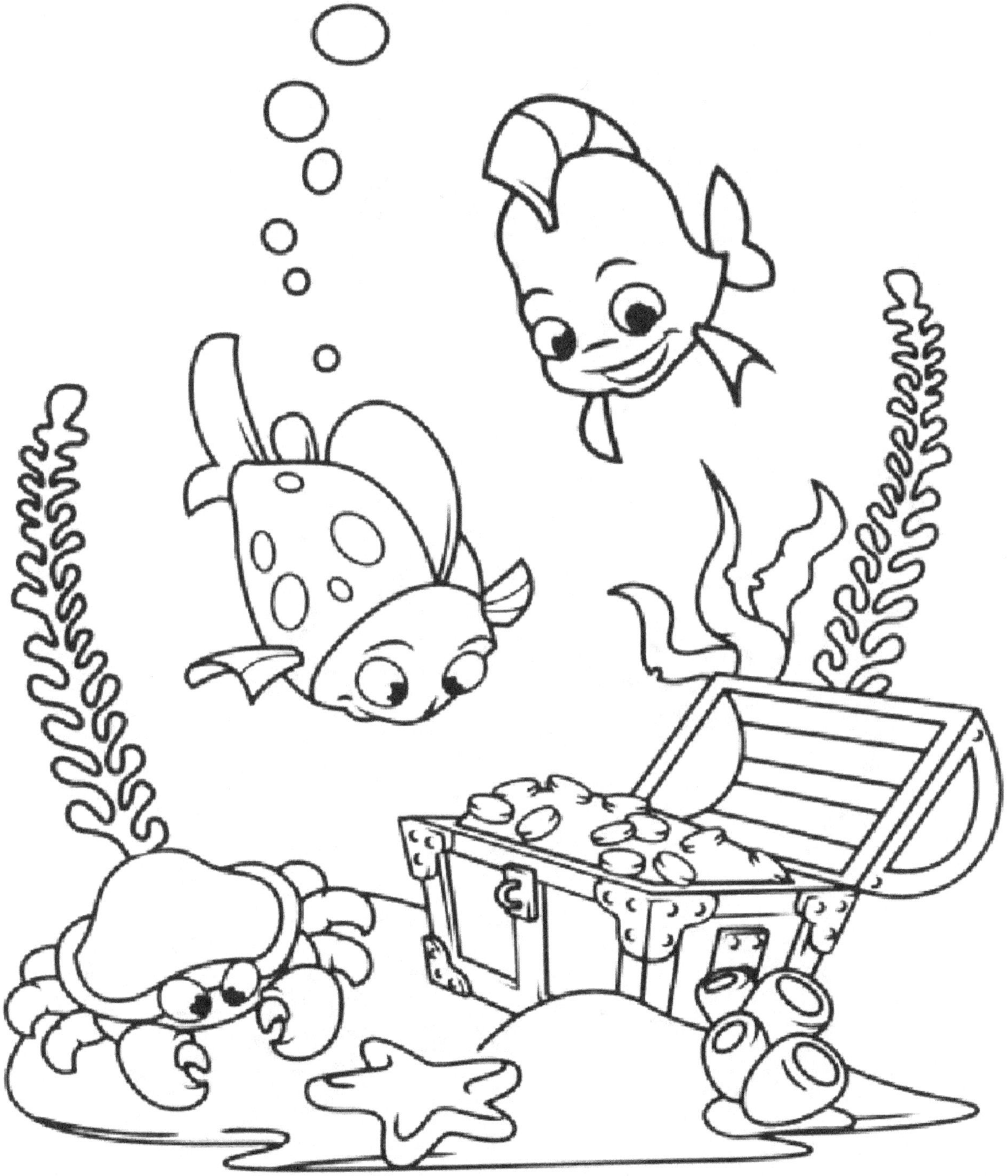

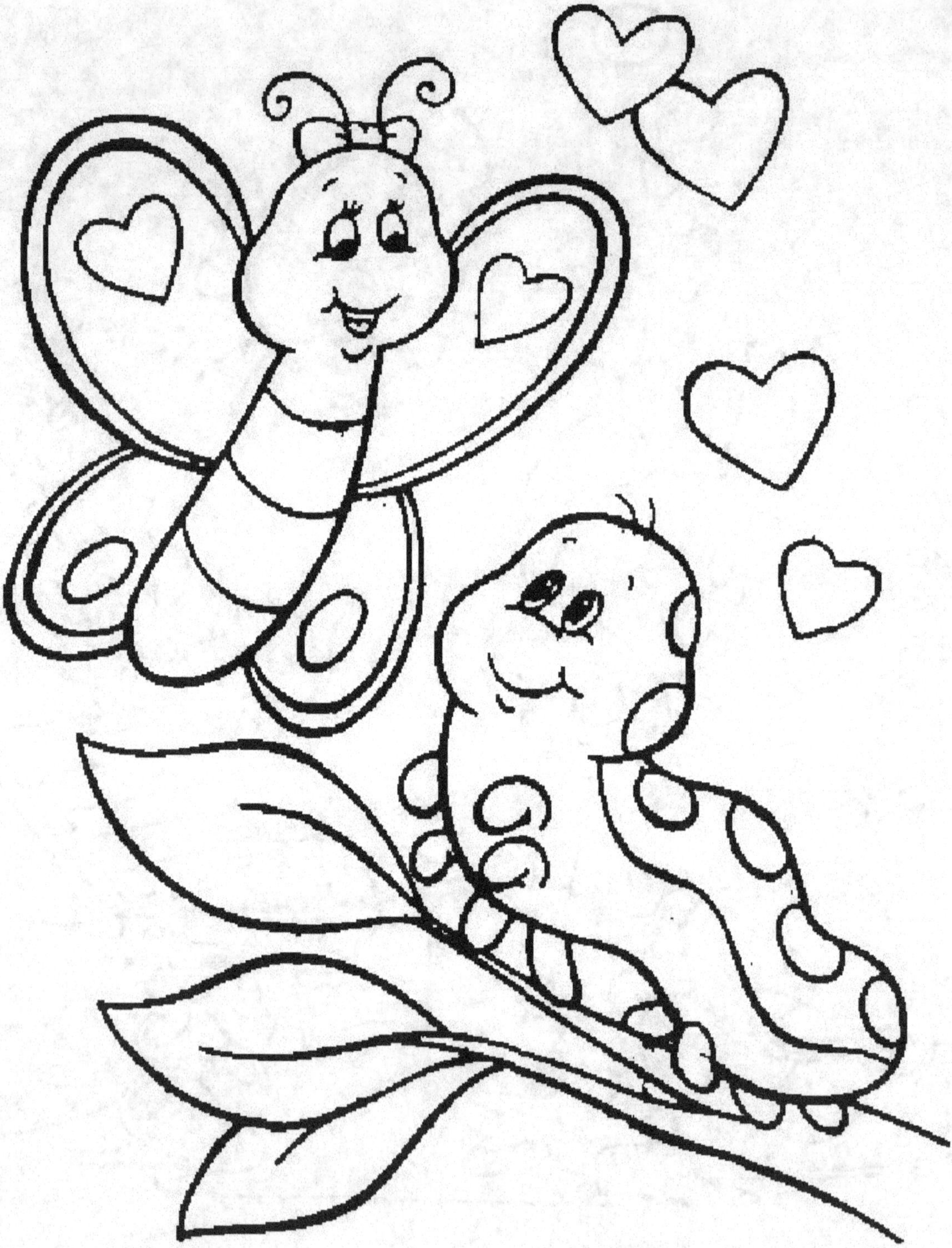

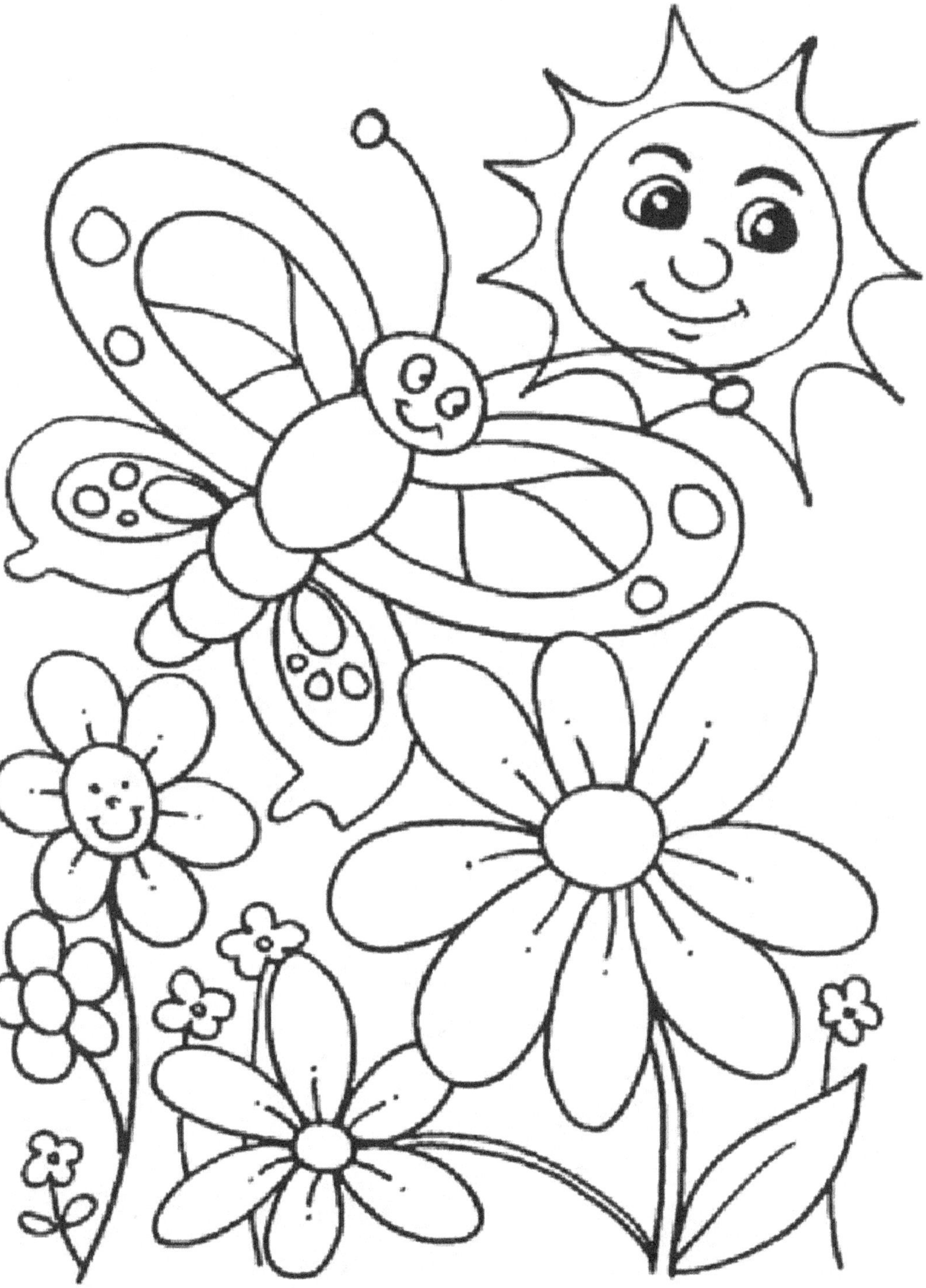

メルヘンランドから
やってきたクル〜!

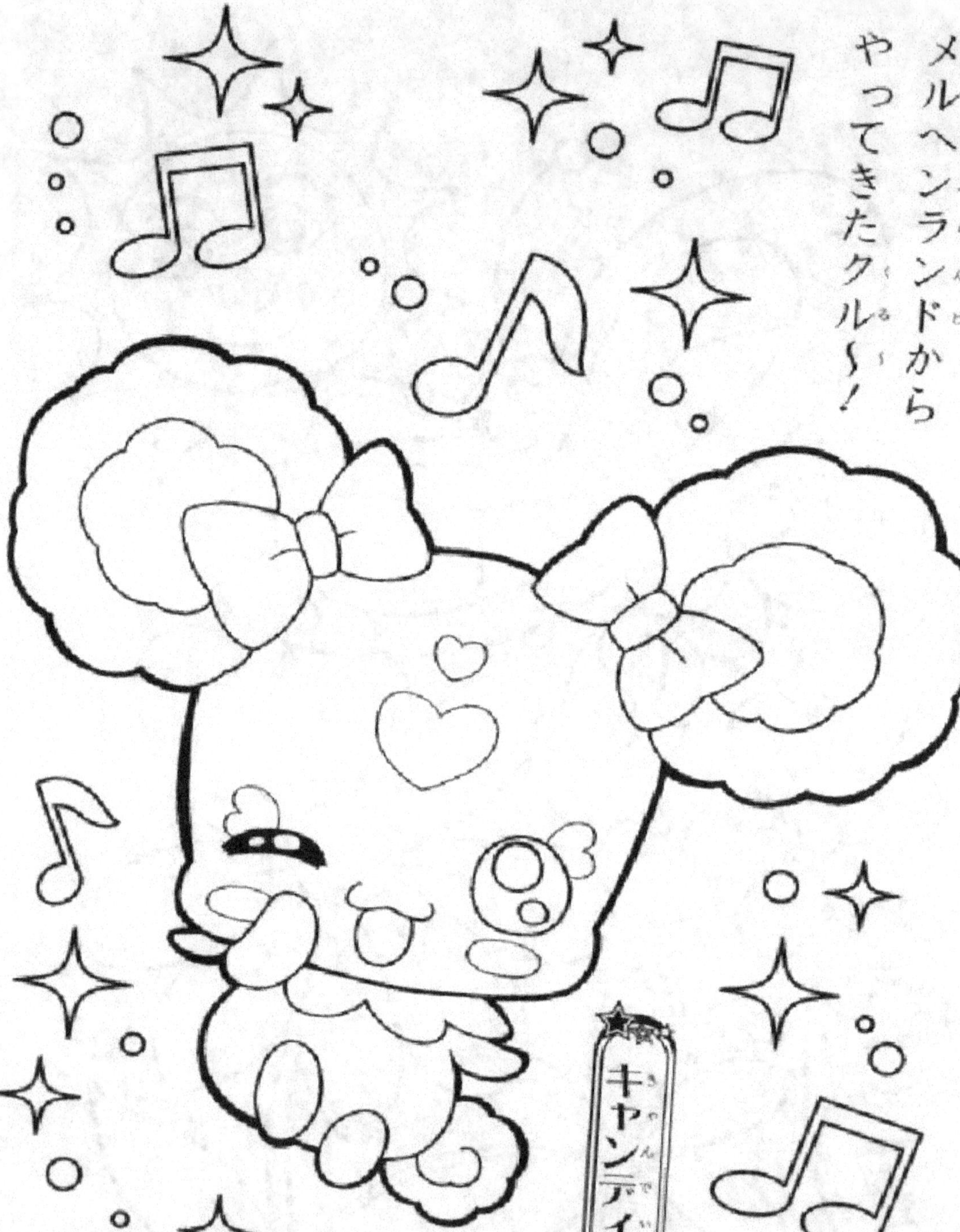

www.ingramcontent.com/pod-product-compliance
Lightning Source LLC
Chambersburg PA
CBHW080532220526
45465CB00006B/2680